미켈란젤로 메리시 다 카라바조, 〈성 마태의 소명〉, 1600년,
캔버스에 유채, 348 x 338cm, 로마 산 루이지 데이 프란체시 성당

어떻게
나의 일을
찾을 것인가

SHIGOTO ERABI NO ART TO SCIENCE
by Shu Yamaguchi

Original Japanese title: SHIGOTO ERABI NO ART TO SCIENCE
Text copyright © Shu Yamaguchi 2019
Original Japanese edition published by Kobunsha Co., Ltd.
Korean translation rights arranged with Kobunsha Co., Ltd. through The English Agency
(Japan) Ltd. and Danny Hong Agency.

Korean translation copyright © Gimm-Young Publishers, Inc. 2021

어떻게 나의 일을 찾을 것인가

1판 1쇄 인쇄 2021. 5. 6.
1판 1쇄 발행 2021. 5. 13.

지은이 야마구치 슈
옮긴이 김윤경

발행인 고세규
편집 심성미 **디자인** 박주희 **마케팅** 백미숙 **홍보** 이한솔
발행처 김영사
등록 1979년 5월 17일(제406-2003-036호)
주소 경기도 파주시 문발로 197(문발동) 우편번호 10881
전화 마케팅부 031)955-3100, 편집부 031)955-3200 | **팩스** 031)955-3111

값은 뒤표지에 있습니다.
ISBN 978-89-349-9008-6 03320

좋은 독자가 좋은 책을 만듭니다.
김영사는 독자 여러분의 의견에 항상 귀 기울이고 있습니다.

홈페이지 www.gimmyoung.com   **블로그** blog.naver.com/gybook
인스타그램 instagram.com/gimmyoung   **이메일** bestbook@gimmyoung.com

야마구치 슈의
직업 선택의 철학

어떻게
나의 일을
찾을 것인가

야마구치 슈 | 김윤경 옮김

김영사

친애하는 한국 독자 여러분, 저의 책이 한국어판으로 출간되어 기쁘기 이를 데 없습니다. 일본과 한국 사이에 과거에 불행한 일이 있었습니다만 저의 책이 그러한 불행을 극복하고 양국의 관계를 돈독하게 하는 데 조금이나마 도움이 된다면 저로서는 대단한 영광일 것입니다.

이 서문을 쓰고 있는 2021년 4월 현재, 전 세계는 팬데믹에 휩싸여, 앞으로 사회, 조직, 개인이 어떻게 되는 걸까 하는 물음에 대한 다양한 고찰을 하고 있습니다. 아마도 그러한 고찰 대부분이 빗나가겠지만 단 한 가지만은 확실합니다. 앞으로 세상이 어떻게 바뀌어갈지 아무도 모른다는 사실입니다. 이 러한 세상에서는 커리어에 관한 우리의 사고관도 크게 달라 져야 합니다.

어떻게 행동하면 어떠한 결과가 나올 것인지 대략 예측할 수 있었던 20세기 후반과 비교할 때, 현재는 미래를 예측할 수 없고 변화가 급격한 세상입니다. 이러한 상황에서 주체성 없이, 마치 바다를 표류하는 배처럼 조류에 휩쓸리기만 한다 면 자신이 원하는 목적지에 도착하기 힘들겠지요.

무엇보다 중요한 것은 자신이라는 배의 선장이 되겠다는

마음을 먹는 것입니다. 당연한 일이 아니냐고 반문할지도 모릅니다. 하지만 제가 생각하기에 대부분의 사람이 자신이라는 배의 선장 역할을 타자에게 맡기고 있습니다. 그 타자란 회사의 상사나 선배, 또는 가족, 혹은 세상의 상식이나 자신의 선입관일 수도 있습니다.

배의 선장은 배에서 일어나는 모든 일에 최종적으로 책임을 집니다. 어느 곳을 목표로 삼고 어떤 경로를 거쳐 그곳에 도착할 것인지를 고심해서 선택하는 일 또한 선장의 역할입니다. 자칫 잘못된 판단을 내려 배가 좌초하거나 침몰한다면 그 결과는 선장이 책임질 수밖에 없습니다. 당시에 모두 그렇게 했다고 해서, 혹은 부모나 선배의 의견과 조언에 따라 목적지나 경로를 정했다고 해서, 배가 좌초하거나 침몰할 경우에 세상 사람들이 그 책임을 져주지는 않습니다.

무언가 중요한 결단을 내려야 하는 상황에서 꼭 누군가와 상의해서 결정하려는 사람이 있는데, 타인이 정말로 자신에게 의미 있는 조언을 하는 경우는 희박하다고 생각하는 것이 좋습니다. 의사결정을 할 때는 각자의 가치관과 감성이 반영됩니다. 현실에서는 똑같은 가치관과 감성을 지닌 사람이 없

기 때문에 누군가가 좋다고 판단한 선택지가 다른 사람에게도 반드시 좋다고는 할 수 없습니다. 매사 너무 손쉽게 타인에게 조언을 구하고 의지하는 사람을 보면 매우 안타깝습니다. 여러 선택지 중에서 무엇을 고를지 망설이고 고민하는 일은 자신이 어떠한 가치관과 감성을 중요하게 여기는지를 성찰할 수 있는 좋은 기회이기 때문이지요. 그러므로 자신이라는 배의 항로는 반드시 자신이 선택하겠다는 기개를 지니고, 설사 고독하더라도 스스로 철저히 생각해봅시다.

'사람이 죽을 때 가장 후회하는 일은 무엇인가?'라는 주제로 전 세계에서 다양한 조사가 이루어지고 있습니다. 어떤 조사 결과를 봐도 거의 공통적으로 상위를 차지하고 있는 대답은 '지나치게 남을 의식하며 살아왔다' '자신이 하고 싶었던 일을 하지 않았다'는 것이었습니다. 반면에 자신이 하고 싶은 대로 하고 살았던 것이나 다른 사람의 조언을 따르지 않았던 것을 가장 후회한다는 대답은 거의 나오지 않았습니다.

이 조사 결과는 '좋은 인생이란 무엇인가?' 하는 물음을 두고 우리에게 중요한 의미를 시사합니다. 인생의 끝자락에 자신이라는 배가 어디에 다다를 것인가, 도중에 어떤 경험을 할

것인가, 이것을 결정하는 주체는 세상의 상식도, 부모도, 선배
도 아닌 바로 여러분 자신이라는 사실을 우선 명심하십시오.
점점 더 깊은 혼돈 속으로 빠져드는 세상에서 여러분을 이끌
어줄 북극성이 어디 있는지를 알려줄 사람은 여러분 자신 외
에는 아무도 없습니다.

　세상에는 연봉이 높거나 남들이 부러워하거나 부모가 원
하는 직업을 우선으로 선택하는 사람이 많은데, 판단 기준을
자신의 밖에 두고 있는 것입니다. 하지만 과연 이러한 사고방
식을 지니고서 자신이라는 배의 선장 역할을 제대로 해낼 수
있을까요? 저는 그렇게 생각하지 않습니다. 현재의 세계를 배
에 비유한다면 바람은 강하고 파도가 거센 데다 조류도 해류
도 날마다 변화하기 때문에 해도海圖가 전혀 도움이 되지 않
는다고 봐야 합니다.

　이러한 상황에서 의지할 수 있는 것은 자신의 직감 외에 없
다는 사실을 잊지 마십시오. 이 책을 읽은 여러분의 커리어가
더욱 큰 결실을 맺기를 진심으로 기원합니다.

2021년 5월 야마구치 슈

일러두기

1. 원저자 주는 본문 하단에 각주로, 옮긴이 주는 단어 옆에 고딕체로 제시했습니다.
2. 원서에서 굵게 강조된 용어는 한국어판에서도 굵은 글씨체로 처리했습니다.
3. 본문에서 언급하는 단행본이 국내에 출간된 경우에는 국역본 제목으로 표기했고, 출간되지 않은 경우 최대한 원서에 가깝게 번역하고 원제를 병기했습니다.

이직하려는 사람

먼저 이 책이 어디에 초점을 두고 있는지를 설명하고 싶다. 이 책은 이직을 잘하는 방법을 알려주는 책들이 일반적으로 소개하는 면접 요령이나 이력서와 직무경력서 작성법 같은 취업 노하우는 전혀 다루지 않는다.

행복한 직업 인생을 살아가기 위해서는 이직 활동 자체를 표면적으로 잘 해내기보다는 실제로 이직 활동에 이를 때까지의 극히 평범한 일상을 어떻게 보내느냐, 혹은 이직 후 한동안 휘말리기 쉬운 함정을 어떻게 피할까 하는 점이 훨씬 더 중요하다고 생각하기 때문이다.

따라서 이 책은 그러한 이직 관련 책들이 거의 다루지 않는, 자신답고 행복한 직업 인생을 보내기 위한 사고와 습관을 주로 다루고 있다. 조금 쉽게 말하면 나 자신이 지금까지의 직업 경력을 통해 얻은, 이직에 대한 사고관과 행동 양식에 있어 해야 할 일과 하지 않아도 될 일을 이야기하려고 한다는 뜻이다.

나는 광고 회사 덴쓰에서 일을 시작해 여러 회사를 거쳐 현재에 이르렀는데, 솔직히 말해서 내가 경험한 이직이 다 성공적이었다고는 생각하지 않는다. 대략 반반 정도라 할 수 있

겠다. 지금 되돌아보면 성공은 성공대로 실패는 실패대로 각각 원인이 있었다. 이러한 경험을 통해 얻은 배움과 교훈이 앞으로 이직을 준비하려는 분들께 도움이 되었으면 하는 바람이다.

내가 하는 조언이 결과적으로 이직을 망설이는 분께 변화를 향해 힘껏 한 발 내디딜 수 있는 용기를 줄지, 지금 몸담고 있는 회사에서 더욱 굳건히 자리 잡을 저력으로 작용할지는 알 수 없다. 하지만 이직을 후회하는 일만큼은 피할 수 있는 효과적인 조언이 되리라 믿는다.

이직했지만 실패했다고
후회하는 사람

이미 이직했지만 실패한 건지도 모르겠다고 생각하는 사람에게 실패를 어떻게 극복할 것인지, 그다음에 어떻게 행동해야 하는지 조언하고 싶다. 상세한 내용은 나중에 다시 설명하겠지만 이직 후에 실패했는지도 모른다고 느끼는 것은 누구에게나 있는 일이며 오히려 자연스러운 현상인지도 모른다.

나 역시도 이직 직후에 '이번 이직은 실패인지도 몰라' 하고 생각한 적이 있는데 사실은 이때가 아주 위험하다. 실패했다는 생각이 들었을 때 이 시기를 긍정적으로 잘 넘겨야 한다. 그렇지 못하면 '이 회사로 오는 게 아니었어' 하고는 다시 새 직장을 찾고, 또 '실패한 것 같아' 하면서 이직을 반복하는 악순환에 빠질 가능성이 있다.

이직 후에 따라다니는 미묘한 후회를 둘러싼 문제는 직장이 바뀐 데서 오는 변화에 적응하면 된다고 작은 테두리 안에서 아무리 생각해본들 결코 해소할 수 없다. 오히려 자신이 줄곧 벗어나지 못하고 얽매여 있는 전 직장에서의 **습관이나 노스탤지어를 매듭짓는 방법**으로 해결해야 한다.

이직의 성패는 변혁 또는 전환기를 어떻게 극복하느냐 하는 데 있고 전환기에 고민해야 할 문제는 항상 **'어떻게 시작할**

까' 하는 관점이 아니라 오히려 '어떻게 끝낼까' 하는 점이다.

이직하고 나서 '실패한 걸까?' 하고 고민하는 사람은 반드시 이 책을 읽고 중요한 고비를 현명하게 넘길 수 있는 단초를 찾길 바란다.

자신의 커리어 설계를
고민하는 사람

이 책은 또한, 지금 딱히 이직할 계획은 없지만 자신의 커리어에 대해 진지하게 고민해보고 싶은 사람에게 중장기적으로 직업 경력을 다져나가는 데 무엇이 중요한지 그 실마리를 제공할 것이다. 현재 사회에서 커리어는 우연에 크게 좌우된다는 사실이 밝혀졌는데, 그렇다면 좋은 우연을 불러들이기 위한 평소의 습관이 상당히 중요하다 할 수 있다.

이 점에 관해서는 본론에서 다시 상세히 언급하겠지만 지금까지의 천직론이 대개 '장기적으로 생각하고 단기적으로 행동하라' 하고 가르쳤던 것과 달리, **본래 필요한 지침은 '장기적으로 행동하고 단기적으로 생각하는 일'**이다. 장기적인 행동은 결국 습관을 뜻한다. 장기적인 안목으로 보면 과연 어떠한 습관이 직업 경력의 지평을 넓힐 수 있을까?

컨설팅과 광고 일에
관심 있는 사람

컨설팅업계와 광고업계의 직업에 관심 있는 사람에게도 도움이 될 것이다. **직업을 선택할 때는 구체적인 작업 내용에 관한 지식보다도 그 일이 갖고 있는 본연의 특성이나 그 일에 적합한 인격에 대한 통찰이 중요**하다.

대형 광고 회사나 컨설팅업계의 일에는 어떠한 특성이 있으며 어떠한 인격을 지닌 사람이 잘 맞을까? 외부에서는 좀처럼 짐작할 수 없는 요건에 관해, 그리고 나아가 그 요건이 커리어 형성과 사물에 대한 사고방식에 어떠한 영향을 미칠지를 설명하고자 한다.

앞으로 취업 활동을 할
학생

마지막으로, 앞으로 취업을 준비하는 학생들에게 직업을 선택하는 일이 인생에 어떠한 영향을 주는지를 생각하는 데 필요한 실마리를 제시한다.

정년까지 고용이 보장된 종신고용이나 근속 연수, 나이에 따라 승진을 보장해주는 연공서열 제도가 지금까지 기업과 사회에서 어떤 기능을 했을까. 언뜻 보기에는 직원에게 더없이 좋은 이 제도가 한편으로는 직원들의 가능성을 어떻게 말살시켰는가, 그리고 사회의 생산성에는 어떤 악영향을 미쳤는가 하는 점을 살펴보고 이를 근거로 회사와 그곳에서 일하는 사람들의 관계가 앞으로 어떻게 바뀌어갈지에 관해 다양한 논의 자료를 제공하려고 한다.

책에
의지하지 마라

방법론을 알려주는 책 이야기가 나온 김에 말하자면, 사실 나는 회사를 옮길 때 이직에 관한 방법이나 요령을 다룬 책을 읽은 적이 단 한 번도 없다. **노하우 책에서 얻을 수 있는 표면적인 지식과 답변 사례는 면접 과정에서 다 간파당하므로 결국은 별 의미가 없다**고 생각하기 때문이다. 이는 내가 컨설팅 회사에서 신입 사원이나 경력 사원을 채용할 때 오랫동안 면접을 보아왔기 때문일지도 모른다. 면접관이 보면 입사 지원자가 노하우 책에서 얻은 모범 답안을 토대로 사고하고 있는지, 자신이 알고 느낀 대로 생각하고 있는지 금세 알 수 있다.

이 **노하우 책에 의한 오염**은 최근에 특히 더 심해지는 듯하다. 실제로 컨설팅 회사에서 신입 사원 채용 면접에 들어가 보면 질문에 지원자들이 대답하는 내용과 사고 과정이 놀랄 정도로 흡사하다. 대부분이 '컨설팅 회사에 취직, 이직하는 방법'과 같은 노하우 책을 읽고 오기 때문에 벌어지는 현상이다. 엘리트 취업 준비생답게 '경향과 대책'을 토대로 준비한 똑똑한 전략이기는 하지만, 여기에는 중대한 모순이 도사리고 있다.

원래 컨설팅이란 고객 기업에게 새로운 전략을 내놓고 그

실행을 지원하는 일이다. 그리고 **전략**은 본질적으로 **차별화를 추구**한다. 차별화를 본질로 하는 전략을 책정하고 실행을 지원하는 컨설팅이라는 직업에 지원하는 지원자가 천편일률적으로 요령만을 알려주는 책을 읽고 남과 똑같은 사고의 틀 안에서 대답하고 있다. 이 현상에 모순을 느끼지 못한다면, 깊이 생각하는 습관이 없는 것이라고밖에 판단할 수 없다.

그렇다고 이러한 종류의 책 읽기 자체를 중단할 수는 없겠지만, 읽는다면 오히려 **어떻게 하면 노하우 책을 읽은 사람이 답할 만한 진부하고 평범한 사고를 넘어설 수 있을까?** 하는 시점에서 읽는 것이 좋다.

독자적인 이력서 양식을
사용하라

나는 이력서나 자기소개서를 쓸 때도 남들이 통상적으로 이용하는 양식이 아니라 직접 독창적인 양식을 만들어서 사용한다. 이직에 관한 노하우 책이나 인터넷상에서 소개하는 전형적인 양식이 너무 읽기 힘들기 때문이다.

미술 전시회의 큐레이션과 출판, TV 방송 감수 등 다양한 분야에서 활약하고 있는 도쿄예술대학교 사토 마사히코 교수는 덴쓰에 재직할 당시, 회사의 정형화된 견적서 양식이 보기 힘들다고 무척 아름답고 독창적인 견적서 양식을 디자인한 일이 있기에 나도 그렇게 흉내를 내본 것이다.

정형화된 서식은 어떤 요청 사항도 대응할 수 있는 만큼 기성품 양복 같은 것이어서 세부적으로 조정하기가 어렵다. 여러분도 이력서의 기본 양식을 이용해 서류를 작성해보면 빈 공간이 많이 남는데도 쓰고 싶은 내용을 쓸 공간은 매우 부족했던 경험이 있을 것이다. 이는 작성자가 전달하고 싶은 정보의 내용과 양을 충분히 담기에는 이력서 양식이 잘 맞지 않는다는 의미다.

나는 나라는 인간의 직무 경력을 전달하는 데 유용하도록 세세한 항목까지 조정하여 최적의 양식을 스스로 만들었다.

그런데 이런 말을 하면 바로 또 "그 양식을 좀 보여주시겠어요?" 하고 요청하는 사람이 나온다. 딱히 저작권을 설정해놓은 것도 아니니 공유해도 상관없지만, 여기서 내가 말하고자 하는 바는 자신에게 맞는 좋은 양식이 있을 테니 스스로 찾자는 근본적이고 교과서적인 접근에 있다.

정답을 밖에서만 찾으려 하지 말고 안에서 찾는 접근 방법을 취해보자는 뜻이다. 그러므로 우선은 허심탄회하게 자신을 알리려면 어떤 형식이 가장 효율적이고 상대가 보기 쉬운지를 생각해보자.

천직이란 무엇인가

이탈리아 로마에 있는 산 루이지 데이 프란체시 성당을 방문하면 바로크 미술의 선구자로 알려진 카라바조의 걸작 〈성 마태의 소명〉을 감상할 수 있다.

어둑어둑한 방 안, 화면 오른쪽에서 비쳐 들어오는 빛 아래에 예수와 그의 제자 베드로의 실루엣이 드러나 있다. 확신에 찬 눈빛으로 예수가 당당하게 가리키는 손끝에는, 예수의 손짓을 알아차리지 못하고 고개를 숙인 채 돈 계산에 여념이 없는 젊은이가 있다. 이 젊은이의 이름은 마태Matthew다.° 예

° 실은 그림 속 어느 인물이 마태인가 하는 문제는 아직도 정확히 밝혀지지 않았다. 예전에는 그림 속 인물 가운데 왼쪽에서 세 번째, 왼손 검지로 무언가를 가리키고 있는 남자가 마태라고 알려져왔다. 이 남자에게 한 줄기 빛이 쏟아지고 있다는 점이 결정적인 근거로 작용했기 때문이다. 소명의 상징인 이 빛이 비추는 인물이야말로 마태라는 논리다. 학생을 대상으로 한 교과서의 대표격인 비주쓰출판사에서 출간된 《컬러판 서양미술사カラー版 西洋美術史》에도 "한 줄기 빛이 어둠을 뚫고 그리스도와 마태를 이어주면서 세리 마태의 개심改心을 암시하고 있다"라고 기술하며 이 주장을 따르고 있다.
하지만 1980년대 후반부터 이 세 번째 남자의 검지는 왼쪽 끝에 있는 젊은이를 가리키고 있으며, 또한 예수의 시선과 손가락 끝도 왼쪽에서 세 번째의 노인보다는 왼쪽 끝의 젊은이를 향해 있다고 보는 것이 자연스럽다는 의견이 제시되었다. 이후 '그림 속에서 누가 마태인가' 하는 논쟁은 왼쪽 끝에 있는 남자라는 설과 왼쪽에서 세 번째 인물이라는 설로 크게 나뉜 채 지속되고 있다.
나는 대학교 2학년 때 이 그림과 논쟁에 관해 알게 되었는데 얼핏 보면, 말할 것도 없이 맨 왼쪽 끝에 있는 남자가 마태임이 명백한데도 이러쿵저러쿵 논쟁이 이어지고 있는 상황을 보며 미술사학자들이란, 단순하게, 행복한 사람들이라고 생각했다.

수의 열두 제자 중에서 한 사람이 되며 포교 활동을 하다가 에티오피아에서 순교하는, 바로 그 사도 마태다. 마태는 세금을 징수하는 세리稅吏를 생업으로 하고 있었다. 세리는 로마 정부의 위탁을 받아 국민에게 세금을 거둬들이는 관리를 뜻하는데, 그 무렵 세금 일부를 부정으로 가로채 사리사욕을 채우는 세리가 많아 유대의 법률학자에게는 창부와 마찬가지로 더러운 범죄자 취급을 받고 있었다.

〈성 마태의 소명〉은 세리라는 비천한 신분이었던 마태에게 예수가 "내 제자가 되게나" 하고 지명한 바로 그 순간을 묘사한 그림이다. 다른 사람들에게 소외당하여 쓸쓸하고 어두웠던 마태의 인생에 예수가 발을 들여놓는 모습을, 카라바조는 어스레한 방 안에 선명하고 강렬한 빛이 들어오는 극적인 연출로서 상징적으로 그려냈다. 이후 마태는 결국 벌이가 좋은 직업을 버리고 예수를 따르기로 결심하고는 불꽃처럼 격렬한 인생에 몸을 던진다.

카라바조는 이 그림을 1600년 전후에 완성하여 '보카치오니 디 산 마테오Vocazione di san Matteo'라는 제목을 붙였다. 영어로는 'Vocation of St. Matthew' 또는 'Calling of

St. Matthew', 우리는 '성 마태의 소명'이라고 부른다. 대개 'Vocation'과 'Calling'은 '천직'이라고 번역된다.

'소명'이란, 다소 낯설지 모르지만, 신학 용어로 **신에게 사명을 부여받는 것**을 의미한다. 천직과 소명, 전혀 다른 뉘앙스를 가진 두 개의 단어가 영어로는 이 두 가지 뜻을 모두 품고 있는 'Vocation' 또는 'Calling'으로 표현되는 것이다.

즉, **천직은 자신이 자발적으로 찾아내는 것이 아니라 본래는 신에게 부여받는 것**이라고 의식하고 있음을 알 수 있다. 이 사실은 천직에 대한 우리의 일반적인 인식을 크게 뒤흔들어놓는다. 천직은 본래 **자신을 스스로 되돌아보고 찾아내는 것이 아니라 인생의 어느 때 생각지 못한 형태로 타자에게서 받는 것**이라는 관점을 부각했다.

이는 '나는 세상에 무엇을 바라는가?' 하고 우리가 품고 있는 물음을 **세상은 내게 무엇을 바라는가?** 하는 물음으로 180도 바꾸는 것을 의미한다. 그렇다면 우리가 아주 자연스럽게 생각하는 '스스로 성찰하여 자신의 직업 경력을 설계한다'는 접근은 무의미하다. 우리는 과연 예전에 마태가 그러했던 것처럼 그저 소명을 기다리는 수밖에 없는 것일까.

좋은 우연을 불러일으키는
사고 양식과 행동 유형

이 물음에 대한 내 나름대로의 대답을 이 책을 통해 독자 여러분과 공유하고 싶다. 천직이 생각지도 못한 시기와 장소에서 타자에게 부여받는 것이라면, 그러한 우연을 가장 **바람직한 형태로 이끌어내기 위한 사고 양식이나 행동 유형이야말로 '천직으로 이직'하는 데 가장 필요한 기술**일 것이다. 좋은 우연을 불러일으키는 사고 양식과 행동 유형은 어떤 것일까.

나는 직업 인생을 일본 최대의 광고 회사 덴쓰에서 시작한 후 인터넷 관련 벤처 기업의 임원과 미국의 전략 컨설팅 회사의 컨설턴트를 거쳐 현재는 조직 개발과 리더십 육성을 전문으로 하는 콘페리헤이그룹에서 파트너로서 일하고 있다.

화려한 직업 경력이라고 말하는 사람들도 있지만 사실은 나 역시도 꾸준히 노력하고 상당히 고생을 하며 현재에 이르렀다. 이 과정에서 내가 배우고 느낀 많은 깨달음이 앞으로 직업 인생의 길을 걸어 나갈 분, 또는 이미 직업 인생을 걷고 있지만 지금 하는 일에 왠지 거부감을 느끼는 분들에게 도움이 되리라고 믿는다.

이 책에서 나는 쓰라린 고통의 과정에서 얻은 경험을 바탕으로 '천직으로의 이직'을 실현하기 위한 다양한 사고와 행동

유형, 그리고 통계 분석과 사례를 설명하겠다. 특히 **여러분이 더욱 가치 있는 직업 인생을 살아나갈 수 있는 계기를 어떻게 자신의 인생에 불러들일 수 있는가** 하는 문제의식을 바탕에 두었다. 이 책을 펼쳐든 여러분이 더욱 풍요롭고 뜻깊은 인생을 걸어가는 데 나의 조언을 활용한다면 더없이 행복할 것이다.

기존의
직업 선택 전략

컨설팅 분야에서는 전략은 뺄셈이라고 말한다. '이상적인 모습'에서 '현재 모습'을 뺀다는 뜻이다. 이 차이를 문제, 즉 해소해야 할 격차라고 정의하고 그 문제를 해소하기 위해 계획을 세우는 일이 전략 수립이다. 이 사고방식은 기업 전략의 차원에서는 물론이고 오랫동안 커리어론의 세계에서도 효과가 크다는 평가를 받아왔다.

'미래에 원하는 자신의 모습'을 분명히 밝히고 '현재의 자신'과의 차이를 추출한 뒤에 어떠한 조치를 취해야 그 격차를 없앨 수 있는지를 확인해서 날마다 행동 계획에 반영하여 실행하는 사고관이다.

오늘날에도 커리어론을 다룬 대부분의 책은 이러한 체계를 갖추고 있다. 과거의 통계 자료와 실적을 기초로 미래의 목표에 다가가는 **포캐스팅**Forecasting**이 아니라,** 미래를 먼저 결정하고 그로부터 역산해서 계획을 세우는 **백캐스팅** Backcasting **사고법**이다.

경영학에서 경쟁전략론은 원래 경제학의 산업조직론을 토대로 하고 있어 상당히 합리적인 이론인데, 이 합리성을 커리어와 같은 불확실한 영역에도 활용해보자고 생각했다.

하지만 산업과 사회가 안정적으로 발전하던 20세기 후반이라면 몰라도, 현재와 같이 격심하게 변화하고 있는 시대에는 이러한 **백캐스팅 사고에 근거한 커리어 설계는 원활하게 제 기능을 다하지 못할 것이다.** 이는 바로 그 산업조직론을 토대로 한 논리적 경쟁전략론의 한계가 드러나고 있는 것과 마찬가지로 다음에 소개하는 연구 결과도 이 가설을 뒷받침하고 있다.

커리어의 80퍼센트가
우연

그럼 여기서 존 크럼볼츠의 연구를 소개하겠다. 커리어론에 관심이 있는 사람에게는 이미 친숙한 이름일지도 모른다. 스탠퍼드대학교의 교육학과 심리학 교수인 존 크럼볼츠는 미국의 사업가와 직장인 수백 명을 대상으로 설문 조사를 실시하여 커리어 형성의 계기 가운데 약 80퍼센트가 '우연'이라는 사실을 밝혀냈다.

그는 이 조사 결과를 토대로 커리어는 우발적으로 생성되는 만큼 중장기적 목표를 설정하는 것은 무의미하며 **오히려 좋은 우연을 불러오기 위해 계획을 세우고 습관을 익히는 데 노력해야 한다**고 주장했다. 그리고 이 논고를 **계획된 우연 이론**Planned Happenstance Theory으로 정리했다. 이후 커리어론의 세계에서는 기존의 백캐스팅 유형의 커리어 전략 대신에 **우연 이론이 주류**를 이루었다.

크럼볼츠는 **좋은 우연은 그저 가만히 기다리기만 해서는 일어나지 않으며 그것을 불러들이기 위해 습관을 익히는 게 중요하다**고 강조한다.

그렇다면 구체적으로는 어떠한 습관이 좋은 우연을 불러들일까?

우선 기존의 백캐스팅 사고를 토대로 한 커리어 전략의 접근, 즉 목표를 설정하고 그게 맞춰 착실하게 커리어를 쌓아나가는 방법은 전략론의 이론으로서는 인정할 수 있지만 현실적으로는 괴리가 있다는 사실을 이해해야 한다.

과거의 취업
인기 기업 순위

백캐스팅 유형의 커리어 전략이 이미 실효성을 잃었다는 주장에 관해 다른 각도에서 논증을 하자면 **예측의 어려움**이라는 관점을 들 수 있다.

지금 내게는 1999년 당시 문과계열 대학생들의 취업 인기 기업 순위 목록이 있다. 이 목록의 상위 쉰 곳 가운데 열네 곳이 합병이나 도산을 겪어 지금은 존재하지 않는다. 안정적이고 실적이 좋다고 인식되어 취업 인기 순위에서 상위에 이름을 올린 기업조차도 그 **3분의 1**이 불과 **20년 사이에 없어지거나, 아니면 인수 합병으로 다른 회사에 흡수되는 큰 변화를 겪은 것이다.**

20년이면 대학을 졸업하고 갓 입사했던 신입 사원이 임원이 될 즈음으로 회사 인생의 반환점을 돌아 이제 드디어 회사에서 기둥 역할을 맡아 후반전으로 들어서는 시기다. 그런데 20년 사이에 예상치 못한 큰 변화가 일어났다는 사실은 회사 인생의 전체 구간은커녕 편도의 시간 축조차도 산업이나 회사 차원에서 미래를 전망하기 어려운 상황이 되었다는 현실을 적나라하게 시사하고 있다.

이러한 전망의 오류는 비단 취업 인기 순위에만 한정되지

않는다. 오히려 수십 년이라는 긴 세월 동안 기업이나 산업의 서열에 거의 변화가 없었던 20세기 후반기야말로 정상이 아니었다고 할 수 있다. 원래 미래란 예측할 수 없는 거라고 생각하는 편이 좋다.

미래는
알 수 없다

오늘날 사회에서는 저출산으로 인한 인구 감소 문제가 위기감 속에서 논의되고 있다. 하지만 과거의 **저출산에 따른 인구 감소 예측이 지금까지 대부분 빗나갔다**는 사실을 아는가.

영국에서는 20세기 초에 출산율이 크게 떨어져 정부와 연구 기관이 다양한 전제를 두고 인구 수를 예측했다. 그들이 작성한 열일곱 가지의 인구 예측 유형을 이제 와 되돌아보면, 그 가운데서 인구 감소를 예측한 열네 가지 유형은 완전히 빗나갔고 인구 증가를 예측한 나머지 세 가지 유형은 인구 증가를 예측한 건 맞았지만 그 예측 수치는 실제의 인구 증가 수치를 밑돌았다. 결국 실제로는 정부와 싱크탱크가 내놓은 열일곱 가지 인구 예측을 훨씬 웃돌 만큼 인구가 증가했다.

미국도 1920년대에 출생률이 낮아지기 시작해서 1930년대까지 계속해서 감소했다. 이 사태를 맞아 1935년에 실시한 인구 예측 자료에서는, 1965년이 되면 미국 인구가 3분의 2까지 감소할 것이라 발표했지만, 그 예상도 크게 빗나갔다. 제2차 세계대전이 시작되자 결혼율이 급격히 증가했고 그에 따른 출생률도 대폭 상승해 1965년에는 인구가 줄어들기는커

넝 오히려 베이비붐이 도래했다.

　인구 동태 조사와 같이 통계 체계가 견실하게 정비되어 비교적 미래 예측을 하기 쉬운 분야조차도 이러한 실정이니 다른 분야에서야 더 말할 것도 없다. 그 전형적인 예가 컨설팅 회사나 싱크탱크에서 실시하고 있는 미래 예측이다.

　1982년 당시 미국 최대의 전화 회사였던 에이티엔티는 '2000년 시점에서 휴대전화의 시장 규모를 예측해달라'고 컨설팅 회사 맥킨지앤드컴퍼니에 의뢰했다. 이에 맥킨지는 최종적으로 90만 대의 수요에 이를 것으로 예측한 자료를 제출했지만 실제 시장 규모는 1억 대를 가볍게 넘어서면서 이 예측은 보기 좋게 빗나갔다.

　막대한 조사 비용을 들여 초일류 리서치 기업에 예측을 의뢰했건만 실제 결과는 자릿수조차 맞히지 못할 정도로 예측을 뒤엎고 말았다. 이는 결코 컨설팅 회사의 능력이나 예측 모델의 문제가 아니다. **예측이란 애초에 빗나가게 마련이다.** 오늘날에도 많은 싱크탱크와 컨설팅 회사는 자신만만하게 수많은 예측을 내놓고 있지만, 내 경험에 비추어보면 이러한 예측은 틀림없이 빗나가므로 너무 진지하게 받아들이지 않

는 것이 좋다.

전문가의 예측조차 빗나갈 수도 있는 것이라면 10년, 20년이라는 중장기적인 시점에서 개인이 목표를 설정하고 그 목표를 위해 커리어 프로그래밍 전략을 세운다는 게 얼마나 현실성이 없는지를 잘 알 수 있다.

> **미래를 예지하는 가장 확실한 방법은 미래를 만들어내는 일이다.** 피터 드러커 《매니지먼트》

0

왜 직업을 찾는 일은
어려울까

직업 선택이 어려운
세 가지 이유

이 책의 초판(원제 《천직의 기회를 기다려라: 새로운 이직, 취업 활동, 경력론天職は寝て待て 新しい転職·就活·キャリア論》)은 2012년 4월 일본에서 출간되었다. 그로부터 10년에 가까운 세월이 지난 오늘날 자신이 원하는 직업을 찾는 것은 더욱 복잡하고 어려워졌다. 이런 혼잡한 상황을 초래한 **세 가지 요인**을 간략히 알아보자.

첫째는 인공 지능의 대두다. 2011년 IBM의 인공 지능 왓슨이 미국의 인기 TV 퀴즈쇼 〈제퍼디Jeopardy〉에 출연하여 74회 연속 최장 기간 우승한 퀴즈왕 켄 제닝스와의 대결에서 승리했다. 이 사건 이후 바둑과 장기를 비롯한 여러 영역에서 인공 지능이 인간의 능력을 훨씬 뛰어넘는 성과를 손쉽게 이룬 사례가 잇따라 보고되고 있으며 가까운 미래에 수많은 지적 노동이 인공 지능으로 대체될 것이라는 여론이 다양한 분야에서 일고 있다.

둘째는 수명의 연장과 사업의 단명화다. 인간의 평균 수명은 점점 늘어나 어느덧 100세 시대를 맞이했다. 우리는 지금까지 '20세 전후에 일하기 시작해서 60세 전후에 은퇴한다'는 사고를 인생 모델로 삼아왔다. 하지만 수명 연장이라는 시대의 변화에 발맞춰 이 사고는 과거의 유물로 사라질 것이다.

이제는 '20세 전후에 일하기 시작해서 80세 전후에 은퇴한다'는 장기 노동 모델로 사고를 바꿀 수밖에 없다.

한편 일하는 장소의 '사업 수명'은 점점 단명화되는 경향이 두드러지게 나타나고 있다. 실제로 미국에서 S&P 500미국 스탠더드앤드푸어사가 작성해 발표하는 대형 기업의 주가 지수으로 발표된 기업의 평균 수명을 살펴보면 1960년대에는 약 60년이었던 데 비해 오늘날은 채 20년도 되지 않는다.

이 두 가지 사실을 토대로 추측할 수 있는 결론은 하나밖에 없다. 한 가지 직업에 종사하며 평생을 살아가던 삶의 방식이 앞으로는 거의 사라질 거라는 사실이다. 사람들은 대부분 사회와 테크놀로지의 변화에 이끌려 자신이 원하든 원치 않든 **인생에서 여러 번 직업을 선택해야 할 것이고 두 가지 이상의 직업을 병행하는 삶의 형태가 더욱 보편화될 것이다.**

마지막으로 셋째는 **뷰카**VUCA의 문제를 꼽을 수 있다. 뷰카는 현대 사회의 상황을 표현하는 네 가지 용어의 영문 머리글자를 조합한 단어로, **불안정**Volatility, **불확실**Uncertainty, **복잡**Complexity, **모호**Ambiguity를 의미한다.

우리는 직업을 선택할 때 일의 내용과 자신의 성격 또는

능력이 잘 맞는지를 판단해야 한다. 하지만 세상이 점점 불확실하고 불안정해지면서 하나의 직업이 자신에게 꼭 맞는 이상적인 직업으로 존재하는 기간이 점점 짧아지는 탓에 미래에 어떻게 변화해나갈지를 꿰뚫어 보기란 거의 불가능해졌다. 이러한 상황에서 **논리적이고 합리적으로 직업을 선택하기 위한 시도가 뛰어난 효과를 내기는 결코 쉽지 않다.**

그래서 현대 사회의 변화를 염두에 두고 이 책의 초판을 다시 읽어보았는데 기본적인 내용은 전혀 수정할 필요가 없었다. 아니, 오히려 이러한 시대 상황의 특징이 점점 더 현저하게 드러날수록 기본 메시지는 중요한 지적이라고 믿는다. 그 메시지는 바로 이것이다.

직업 선택을 모두 하늘이 내려준 천직(예정조화予定調和)이라고 생각할 수는 없다. 자신의 가능성을 열어두고 다양한 일을 시도하여 자신에게 딱 맞는 일에 정착해야 한다.

거꾸로 말하면 이 책에서 설명하는 다양한 고찰은 **이 단순한 주장에 대한 방대한 각주에 지나지 않는다**고 할 수 있다.

본문이 각주라는 것에 의아해하는 사람도 있을지 모르지만 그건 아무래도 상관없다. 특히 철학을 공부할 때 주로 하는 말인데, 중요한 핵심은 저자가 '무슨 말을 하고 있는가?'보다 '어떻게 생각하는가?' 하는 점이다.

이 책에서 나는 다양한 커리어 연구, 혹은 자연과학과 인문과학 분야에서의 지견을 토대로 **행복해지기 위한 직업 찾기**라는 주제에 관해 고찰하고 있다. 결론에 이르기까지의 사고 프로세스를 여러분이 똑같이 훑으면서 자신의 직업을 선택하는 데 필요한 판단 기준과 지식을 익히길 바란다. 그것이 내가 이 책을 쓴 가장 큰 목적이다.

계획에는
가치가 없다

우리는 오랫동안 계획을 세우고 실천하는 데 익숙한 탓에 커리어에도 이 같은 방법론이 효과가 있을 거라고 생각하는 잘못된 습성이 있다. 그러나 미래가 이렇게까지 불확실해진 오늘날에는 **모든 영역에서 계획이 지닌 가치는 점차 퇴색하고 있다**. 특히 커리어와 같이 오랜 세월에 걸쳐 이루어지는 계획에는 확실히 가치가 없다.

우리는 불확실한 세계에 몸을 내던지듯이 살아가기 시작했으며 이제 갖가지 시행착오를 거쳐 세상에서 자신의 자리를 찾을 수밖에 없다는 노골적이고 당연한 말이 이 책의 결론이다.

하지만 이러한 상황이 특별히 현대에만 벌어진 것은 아니다. 오히려 획일적인 **성공 법칙이 명확하게 존재하던 20세기 후반이야말로 정상이 아니었다**고 생각해야 한다. 소위 좋은 대학을 나와서 유명한 대기업에 입사하면 평생 안정된 삶을 살 수 있다는 성공 법칙이 분명히 존재했다는 사실은, 역으로 말하면 **실패 요소 또한 분명히 존재했다**는 의미다. 이로 인해 얼마나 불건전하고 폐색된 사회가 생성되었는지는 현재 우리 사회를 들여다보면 잘 알 수 있다.

20세기 초반에 활약한 프랑스 시인 폴 발레리는 그의 시 〈해변의 묘지〉에서 "바람이 분다, 살아야겠다" 하고 읊었다. 이 시에서 발레리가 말하는 바람은 변화의 메타포다. **변화가 끊임없이 몰아치는 시대에 우리는 세상 속으로 몸을 던져 우선 '살아가야' 한다. 그렇지 않으면 아무것도 시작할 수 없다**고 말하고 있다.

코나투스와
에이도스

17세기에 네덜란드 헤이그에서 활약한 철학자 스피노자는 사람이든 사물이든 간에 그것이 본래의 자신다운 자신으로 있으려는 힘을 **코나투스**Conatus라고 불렀다. 코나투스라는 말은 원래 라틴어로 '노력, 충동, 경향, 성향'이라는 뜻이다. 스피노자는 **사람의 본질이 그 사람의 외모나 직함이 아니라 코나투스에 의해 규정된다**고 믿었다. 당연히 코나투스는 다양하며 개인마다 다르다.

우리는 사회에서 규정된 절대적인 잣대를 이용해 '좋다' 혹은 '나쁘다' 평가를 내린다. 하지만 스피노자는 진정한 평가란 상대적일 뿐만 아니라 주위 배경이나 상황에 따라 결정된다고 강조했다. 그가 말하는 상황이란 곧 코나투스를 의미하므로 어떤 사람의 코나투스를 높이면 '좋은' 것이고 그 사람의 코나투스를 훼손한다면 '나쁜' 것이다. **이 세상에 존재하는 모든 것은 그 자체를 두고 좋거나 나쁘다고 규정할 수 없으며 코나투스의 조화에 따라 결정된다**고 믿었던 것이다.

만일 당신이 자연 속에서 활력이 솟아나는 체질이라면 자연은 당신의 코나투스에 '좋은' 것이다. 반면에 고독으로 괴로워하는 사람이 자연 속으로 들어가 소외감을 느낀다면 자

연은 그 사람의 코나투스에 '나쁜' 것이다.

17세기 철학자가 지적한 내용을 여기서 굳이 소개하는 이유는, 지금 우리에게 스피노자의 주장이 새삼 중요하다고 생각해서이다. 우리는 변화가 극심한 시대에 살고 있으며 우리를 둘러싼 모든 환경과 개인의 관계성은 항상 새로운 것으로 대체되어간다.

이러한 시대에 **무엇이 좋고 나쁜지를 세상의 일반적인 판단을 근거로 결정할 수는 없다.** 우리가 인생을 행복하게 살기 위해서는 결국 다양한 일을 시도해보고 어떠한 일이 자신의 코나투스를 한껏 끌어올리는지, 혹은 반대로 훼손하는지를 경험적 감각으로 찾아내야 한다. 폴 발레리의 말처럼 **시도하는 것이 가장 중요하다.**

우리 개개인의 코나투스는 독자적이다. 그렇기에 다양한 일을 시도하여 그 결과가 자신의 코나투스에 어떻게 작용하는지를 살펴보고 **자신 나름대로 좋다, 나쁘다 하는 판단 기준을 만들어가야 한다고** 스피노자는 설파한 것이다.

코나투스와 대비되는 것은 외모나 지위, 직함 등 추상적인 정보로 그 사람의 좋고 나쁨을 결정짓는 사고방식이다. 본래

의 자신으로 있으려는 힘인 코나투스의 본질에 대응하는 의미로서 **자신의 외모나 지위 등의 형상을** 그리스어로 **에이도스**Eidos라고 한다.

이를테면 성별이나 학력도 하나의 에이도스이다. 당신은 여성이므로 이러이러해야 한다든가, 일류 대학을 졸업했으니까 이렇게 해야 한다는 식의 발언과 사고는 모두 코나투스를 무시한 강압이다. 이렇게 강요받은 사고가 실제로 그 사람의 코나투스를 높여 좋은 영향을 미칠지는 알 수 없다.

우리는 자신의 특성과 입장이라는 에이도스를 바탕으로 '나는 이러이러해야 한다' '나는 이렇게 해야 한다'고 생각하는 경향이 있다. 하지만 에이도스에 근거한 자기 인식은 종종 **개인의 코나투스를 훼손하여 자신답게 살아갈 힘을 방해하는** 요인으로 작용한다. 변화의 물결이 격심하고 좋고 나쁨에 관한 사고를 폭력적으로 타인에게 강요받는 시대이기에 우리는 더욱더 **자신의 코나투스를 높일 수 있는 일을 다양하게 시도해야만** 한다.

1

떠날 것인가
남을 것인가

이직을 바라보는 두 가지 시선

이직을 목적으로
보는 사람

대형 서점에 가서 이직에 관련된 책들을 들여다보면 몇 개의 그룹으로 나뉘어 있다는 것을 알 수 있다. 그중에서도 적극적으로 이직을 권장하면서 구체적인 노하우를 제공하는 '이직 권장파' 카테고리는 최대 파벌이라고 할 수 있다. 이 책들은 눈앞의 이직 활동을 성공시킨다는 목적 그 한 가지에 초점을 두고 있다. 애초에 이직을 해야만 하는가, 또는 회사를 선택할 때의 기준점이나 가치관은 무엇인가 하는, 어떻게 보면 따분할 수도 있는 주제는 의도적으로 빼버렸으므로 그런 의미에서는 단순히 이직에 필요한 도구 역할에만 철저하다고 볼 수 있다.

하지만 내 견해로는 역시 문제가 있다. 이직은 본래 행복한 직장 인생을 걸어가겠다는 목적을 이루기 위한 수단일 뿐이다. 이직을 극히 긍정적인 어조로 강조하여 그 목적을 절대화한 뒤에 다양한 노하우를 파는 행위는, 심하게 말해서 악덕한 상술에 지나지 않는다.

이직은 결혼과 마찬가지로 자칫 실수하면 상당히 비싼 대가를 치르게 되는 의사결정이다. 그러므로 이직을 졸속하게 목적화하려는 태도는 경계해야 마땅하다.

에이전시 유형과
서치 유형

이직이 수단에서 목적으로 변질된 몇 가지 이유가 있다. 가장 큰 요인은 이직을 부추기는 사람들이 **이직자가 많으면 많을수록 돈을 버는 구조로 사업을 운영하고 있다**는 데 있다.

이 점에 대한 이해를 돕기 위해 먼저 이직 지원 사업의 유형을 설명하고자 한다. 이직자를 알선하는 사업은 크게 **에이전시형과 서치형**의 두 가지 유형으로 나뉜다. 에이전시형의 대표 기업은 리쿠르트 에이전시와 파솔커리어다. 서치형의 대표 기업은 에곤 젠더, 러셀 레이놀즈, 스펜서 스튜어트, 콘 페리 등이다. 회사명에서 알 수 있듯이 모두 외국계 기업이다.

에이전시형과 서치형의 차이점은 크게 두 가지가 있다.

첫째는 영업 **타깃으로 삼는 인재의 연령과 직위**다. 에이전시형이 대상으로 삼는 인재는 20대에서 30대 전반의 현장 실무자부터 과장급까지가 중심인 반면에, 서치형이 알선하는 대상은 30대 후반에서 50대의 경영 간부 후보에서 임원급, 또는 변호사나 컨설턴트 등의 전문직이 중심이다.

두 번째 차이점은 **수익 모델**이다. 에이전시형 기업은 이직을 성공시킨 사람의 인원 수에 대하여 고객 기업에게 수수료(이직한 사람의 연봉×20~30퍼센트)를 받는다. 이에 반해 서치형

기업은 사람을 찾는 행위 자체에 대한 비용을 청구한다. 변호사나 컨설턴트와 마찬가지로 일한 시간에 상응하는 비용을 수임하는 비즈니스인 것이다. 따라서 결과적으로 이직한 사람이 한 명도 없는 경우에도 비용은 발생한다.

이때 주목해야 할 문제는 에이전시형의 **이직하면 할수록 돈을 많이 버는** 비즈니스 모델이다. 수익 구조가 '이직자의 인원 수' '이직자의 연봉' '수수료율'의 세 가지 요소로 이루어져 있는데 그 가운데서 연봉은 고객 기업이 결정하는 사항이고 수수료율은 타사와 경쟁이 되므로 좀처럼 올릴 수 없다.

결국 수익을 올리기 위해서는 어떻게든 이직자 수를 늘리는 수밖에 없는 것이다. 리쿠르트 에이전시 같은 대기업이든 개인 사무소든 기본적으로는 이러한 구조로 운영되고 있다. 따라서 에이전시형 사업을 영위하는 사람들은 이직을 부추기는 방향으로 중심이 기울게 마련이다.

이는 일종의 필요악이라고도 할 수 있다. 앞으로 노동 시장이 더욱 활성화되면 사회 전체가 떠안는 노동의 거래 비용°도 증가할 것이다. 에이전시형 기업은 그 거래 비용을 부담하면서 비용을 회수하는 수익 모델을 구축한 것이므로 이 구조를

부정한다면 노동 시장의 거래 비용 문제에 관해서 구체적인 해결책을 제시할 필요가 있다.

중요한 것은 이직을 지향하는 사람들이 에이전시 기업의 그러한 구조와 행동 양식을 제대로 알고 나서, 그들이 부추기는 분위기에 휘둘리지 말고 주체적인 판단으로 이직 활동을 제어해야 한다는 점이다.

---

^o Transaction Cost. 시장에서 거래를 행할 때 발생하는 비용을 뜻한다. 거래 상대를 찾는 비용, 계약이 성립하기까지의 교섭 비용, 계약 비용, 의사 결정 비용 등이 포함된다.

이직에 대해
충고하는 사람

이번에는 이직을 극히 소극적이고 부정적으로 바라보는 주장에 관해 언급하고자 한다. '이직은 신중하게 결정하라' 하는 취지라면 이해하겠지만 '이직은 절대로 안 된다'라든가 '연봉 면에서 억 단위 손해다'라는 식으로 딱 잘라서 단정하는 주장에는 선뜻 동의하기 어렵다.

　이러한 주장을 하는 사람들이 근거로서 주로 거론하는 자료가 일본 총무성¹기본적인 국가 시스템 창설을 책임지는 중앙 부처에서 내놓은 조사 결과인데 '이직하면서 연봉이 오르는 경우는 25퍼센트 정도에 불과하며 나머지 75퍼센트의 경우는 오히려 연봉이 낮아진다'는 내용이다. 이 주장에는 몇 가지 문제점이 있으니 하나씩 짚어가며 설명하겠다.

이직의 75퍼센트가 실패라는
주장의 모순

우선 이 주장은 애초에 **논리에 맞지 않는다**는 점을 지적하고 싶다(나는 원래 이직이 바람직한가 아닌가를 이런 표면적인 수치로 논의하는 자체를 어리석다고 생각하지만 일단 이 주장의 테두리에 맞춰 생각해보겠다).

핵심은 이 통계 수치가 '**단 한 번의 이직 성과**'를 토대로 **하고 있다**는 점이다. 이직은 인생에서 여러 번 도전하다가 성공하면 거기서 멈추는 게임이다. 한편, 앞서 언급한 총무성의 통계 수치는 어디까지나 한 번의 이직 결과에 지나지 않는다. 여러 번 시도할 수 있는 게임의 특성을 무시하고 한 번의 이직 결과가 성공인지 실패인지를 두고 논의한다는 발상은 논리적으로 맞지 않는다. 이를 숫자로 설명해보겠다.

총무성의 조사 결과가 옳다고 가정해보자. 한 번의 이직에서 실패할 가능성이 75퍼센트, 즉 4분의 3이라고 하면 두 번 연속으로 실패할 확률은 4분의 3의 제곱인 16분의 9가 된다. 다시 말해 한 번 시도할 경우 75퍼센트였던 실패 확률이 거의 50퍼센트까지 낮아진다. 마찬가지로 세 번 연속해서 실패할 확률은 4분의 3의 세제곱인 64분의 27로 약 40퍼센트이며, 네 번 연속되면 256분의 81로 떨어져 30퍼센트 정도밖에

되지 않는다.

　'이직해서 연 수입이 오른 사람은 25퍼센트밖에 되지 않는다, 그러므로 이직하지 않는 편이 좋다'는 주장이 논리에 맞지 않는다고 내가 반론하는 이유가 바로 여기에 있다.

연봉만으로 이직의 성패를
논할 수 있을까

두 번째로 '이직 전후 연봉의 증감'만을 기준으로 삼아 이직의 성공과 실패를 평가하고 있다는 점을 꼽고 싶다. 앞서 말했듯 이 이직의 목적은 **만족스러운 직업 인생을 보내는** 데 있고 나아가 **행복한 인생을 살아가는** 데 있다. 사람에 따라서는 그 목적을 달성하기 위한 하나의 수단이 경제적인 성공인지도 모르지만 반드시 모든 사람이 그런 목표를 설정하고 있지는 않다.

나의 이직 경험 중에도 연봉이 낮아진 경우가 있는가 하면 반대로 높아진 적도 있다. 하지만 연 수입이 늘어나면 성공이고 줄어들면 실패라고 단정 지을 수는 없다. 각 직장과 실생활에서의 체험은 마치 태피스트리벽걸이 등에 사용되는 실내 장식용 직물 공예의 날실과 씨실처럼 복잡하게 맞물려 그 사람의 인생을 엮어간다. 이렇게 생각할 때, 이직의 전과 후를 구분해서 성공이니 실패니 하고 한마디로 평가하기는 어렵다. 아니, 어렵다는 관점을 넘어 난센스라고 할 수 있다.

가령 연봉은 더 낮아졌지만 그만큼 시간적 여유가 있는 직장이라면 남는 시간을 새로운 분야의 공부와 문화 체험에 투자하고 그렇게 익힌 능력이나 기술을 다음 직장에서 활용할 수도 있다. 또는 그 과정에서 기른 감성이 인맥을 형성하는

데 도움이 되어 그 사람의 인생을 더욱 가치 있고 풍요롭게 할 수도 있다. 누구에게나 있을 수 있는 이야기다.

이런 관점에서 생각할 때 연봉이 되레 줄어드는 이직이라고 해서 실패했다고 단정할 수 있을까? '인생만사 새옹지마'라는 말도 있듯이, **어떤 직장 체험이 그 후의 인생에 어떻게 영향을 미칠지는 아무도 모른다.** 더구나 최근에는 연봉이 대폭 낮아질 것이 명백한데도 사회적 기업으로 직장을 바꾸는 젊은이가 늘고 있다.

내가 10여 년간 몸담고 있는 컨설팅업계만 해도 불과 몇 년 전까지는 퇴직 후 더 높은 대우를 받을 수 있는 사모투자 전문회사나 일반 회사의 경영 간부로 이직하는 형태가 전형적이었으나, 최근에는 사회적 기업으로 이직하는 사람이 급격히 증가하고 있다.

연봉이 줄어드는 이직이 실패라고 단정 짓는 사람들은 이러한 추세를 자신의 내면에서 어떻게 정리하고 합리화하고 있는 건지 오히려 되묻고 싶다.

앞에서 천직 찾기는 본래 **당신이 세상에 무엇을 바라는지가 아니라 세상이 당신에게 무엇을 바라는가** 하는 물음에 답

을 내는 것이 아닐까 하는 가설을 제시했다. 사회적 기업에 뛰어드는 젊은이들은 어떤 의미에서는 이 물음에 대한 답을 찾은 사람들인지도 모른다. 이들에게 '연봉이 더 낮아졌으니 실패한 거네!' 하고 지적한다면 당사자들은 쓸데없는 참견이라고 일축할 뿐이다.

긍정적인 사고로
살아가자

마지막으로 강조하고 싶은 점은 **정신력의 문제다.** 확률이 낮다고 포기하는 것은 너무 부정적이고 단편적인 사고이므로 절대 동의할 수 없다.

예를 들어보자. **신상품이 출시되어 살아남을 확률을 살펴보면 음료 분야에서는 1퍼센트 이하다.** 또한 내가 소속되어 있는 콘페리헤이그룹에서 실시한 조사에 따르면 **기업 인수 합병이 기대한 성과를 달성할 확률은 10퍼센트라는** 결과가 나와 있다. 그렇다면 기업은 신상품을 출시하지 말아야 할까? 경영자는 인수 합병을 포기해야만 하는 것일까?

결코 그렇지 않다. 기존의 확률 통계에 따라 판단했다가는 기업의 성장과 사회의 발전은 바로 정체되고 말 것이다. 오히려 **신상품의 성공 확률이 낮고 인수 합병 시 성공보다 실패하는 경우가 많을수록 대부분의 경영자나 비즈니스 종사자들은 필사적으로 성공 확률을 높이려고 노력을 쏟는다.**

현시점에서 성공 확률은 낮으니(앞서 언급한 대로 실제로는 낮지 않지만) 단념하는 것이 좋다는 사고는 극히 단편적이고 부정적이며 사고 자체를 포기하고 있다고밖에 볼 수 없다.

이직에 관해서 사람들에게 조언하는 위치에 있다면 오히

려 긍정적으로 '그렇다면 잘하고 있는 25퍼센트의 사람과 잘 되지 않았던 75퍼센트 사람의 차이는 무엇일까? 어떻게 해야 성공할 수 있을까?' 하는 수준까지 사고를 끌어올리길 바란 다. 경영학에서 말하는 베스트 프랙티스Best Practice어떤 결과를 내 는 데 가장 효율성 높은 기법, 과정, 활동을 아우르는 운영 방식으로 '모범 경영'이라고도 한다 라는 사고관인데, 확률이 낮다고 미리 포기하는 사람들은 이 러한 사고관에 도저히 도달하지 못한다. 이유는 무엇일까?

한마디로, 이러한 주장을 하는 사람은 논리를 운운하기 전 에 이미 이직이 싫은 것뿐이다. 그렇다면 '사실과 논리는 차 치하고 나는 이직이 싫다, 사람들은 처음 들어간 회사에서 평 생 최선을 다해야 한다'고 솔직하게 주장하면 얼마나 좋은가. 어설픈 통계 수치를 들고 나와 자신이 아주 중립적이고 합리 적인 주장을 하는 것처럼 보이려고 해봤자 오히려 본색만 드 러날 뿐이다.

이직에는 왜 기술이 필요한가

패시브 세이프티로서의
이직 기술

공학에서 말하는 안전 기술에는 크게 **액티브 세이프티**Active Safety와 **패시브 세이프티**Passive Safety의 두 가지 사고방식이 있다. 액티브 세이프티는 **사고와 문제를 미연에 방지하기 위한 기술**이고 패시브 세이프티는 사고나 문제가 일어났을 때 **피해를 최소한으로 줄이기 위한 기술**을 일컫는다.

나는 경력 관리에서도 패시브 세이프티의 사고방식을 받아들일 필요가 있다고 보고 있다.

게이오기주쿠대학교의 다카하시 슌스케 교수는 저서 《커리어 쇼크キャリアショック》에서 "직업 경력에 있어 쇼크의 위기는 누구에게나 찾아오며 안전지대는 이미 존재하지 않는다. 한 번 위기를 피했다고 가슴을 쓸어내려도 안전지대라고 여겼던 곳이 어느새 또 지뢰밭이 되어 있는 경우가 비일비재하게 발생하는 시대로 돌입했다"고 경종을 울렸다.

대부분의 일본인이 지진이라는 천재지변의 위험에서 완전히 벗어날 수 없는 것처럼 누구나 **커리어 쇼크를 의식하며 살아갈 수밖에 없는 시대**가 되었다.

나는 이직을 부추길 생각은 눈곱만큼도 없으며, 극단적으로 말하면 이혼과 마찬가지로 하지 않을 수 있다면 하지 않

는 편이 좋다고 생각한다. 하지만 본인이 아무리 평생 같은 회사에서 일하고 싶다거나 이 회사에서 느긋하고 적당히 일하는 게 좋다고 생각한다 해도, 자신의 뜻대로 되지 않는 호락호락하지 않은 시대로 접어들었다는 사실을 분명히 인식해야 한다.

록인효과가 초래하는
개인적·사회적 손실

'이직의 기술'에는 사회 변화에 대한 수동적이고 소극적인 반응 측면뿐만 아니라 **사회 전체의 활성도를 높이는 능동적이고 긍정적인 측면 또한 있다는** 사실도 의식할 필요가 있다.

파나소닉의 창업자 마쓰시타 고노스케 전 회장은 리쿠르트 창업자인 에조에 히로마사 전 회장이 "경영의 핵심은 무엇입니까?"라고 질문하자 "사람에게는 누구나 장점과 단점이 있습니다. 어떤 업무를 누구에게 어디까지 기대하느냐가 중요합니다"라고 대답했다. 쉽게 말하면 **개개인의 능력과 특성을 올바르게 평가해서 알맞은 지위와 업무를 부여하는 것이 중요**하다는 지적이다.

이처럼 인재를 적재적소에 배치해 활용해야 하는 중요한 이유는 **일과 인재를 얼마나 효율적으로 연결하느냐에 따라 조직 전체의 생산성이 크게 달라지기 때문**이다. 인재 자원에 한계가 있는 이상, 조직 전체의 생산성을 최대한 높이기 위해서는 한 사람당 생산성을 높여야 한다. 그래서 개개인에게 성과를 내기 쉬운 업무를 배정하는 것, 즉 적재적소에 활용하는 일이 중요할 수밖에 없다.

이는 기업 경영뿐만 아니라 국가 차원에서 생각해도 마찬

가지다. 국가 전체의 생산성을 높이는 데는 노동 인구를 증가시키는 방법과 생산성을 높이는 방법, 이렇게 두 가지가 있다. 노동 인구를 늘리려면 중노년층과 여성 인력의 비율을 높이고, 위험 요소를 인지한 뒤에 이민을 비롯한 급진적인 방법을 도입하는 등 여러 방책을 생각할 수 있는데, 이러한 점에 관해서는 이미 찬반양론의 논의가 한창 이루어지고 있다.

일본의 생산성은 **미국과 유럽에 비해 상당히 낮으며, 특히 서비스업**에서 이러한 현상이 두드러진다. 각종 조사 결과에 따르면 대략 60~70퍼센트에 미치는 수준이라고 밝혀져 있다. 예전부터 이 낮은 수준은 IT 활용도의 차이에 기인한다고 알려졌다. 여러 규제 탓에 IT 투자조차도 자유롭게 이루어지지 않는 영세 기업이 다수 존재하고 있어서 생산성은 낮은 수준에 머물러 있다고 한다. 하지만 나는 이 점 외에 **인재의 유동성이 낮은 데에도 그 원인이 있지 않을까** 하고 생각한다.

서비스업은 제조업과 달리 개개인의 동기 부여가 생산성에 큰 영향을 미친다. 앞서 말했듯이, **어떠한 직업이나 일이 자신에게 맞는지는 나중이 되어봐야 알 수 있다.** 자신이 어떠한 일에 의욕을 느끼는지도 당장은 알 수 없는 노릇이다.

이러한 특성을 지닌 산업 환경 속에서 맨 처음에 들어간 회사에 계속 근무하는 형태가 사회적인 통례가 된다면 생산성은 오르지 않을 것이다.

처음에 입사한 회사가 자신과 맞지 않는데도 그냥 체념한 채 일할 게 아니라, 자신이 의욕에 차서 일할 수 있는 회사를 찾는 사람이 많아질수록 사회 전체의 생산성이 높아지지 않을까. 이것이 내가 세운 가설이다.

리스크를 감수하고
뛰어들어야 하는 이유

2005년부터 2008년에 걸쳐 세계 각국에서 실시한 '세계 가치관 조사'에서 일본은 **세계에서 위험을 회피하려는 성향이 가장 강하다**°는 결과가 나왔다. 이직에 대해 부정적인 선입관을 갖고 있는 사람은 "이 자료 좀 봐, 이직은 일본의 민족성이나 문화에는 안 맞는다니까? 역시 한번 발 들여놓은 회사에서 평생 쭉 일하는 게 딱 어울려" 하고 으쓱해할지 모르지만 내 생각은 조금 다르다.

일본에서는 오히려 위험 부담을 안고 있는 편이 유리하다. 이유는 단순한데, 위험을 감수하는 사람이 적기 때문이다. 이것은 기회가 다가왔을 때 위험을 무릅쓰고 그 기회를 거머쥐고자 하는 사람이 적다는 의미이며, 이 상황을 경쟁 전략의 틀에서 말하면 **심리적인 진입 장벽이 높은 만큼 경쟁률이 낮다**는 뜻이다.

현재 눈앞에 포도송이가 매달려 있다고 할 때 위험 감수 성향이 강한 국가, 이를테면 미국이나 한국 사회에서는 대부

° 정확하게는 '나는 모험과 리스크를 추구하는 유형이다'라는 질문에 대해서 '전혀 그렇지 않다' '그렇지 않은 편이다'라고 대답한 사람의 비율이, 조사를 실시한 국가 중에서 가장 높았다.

분 '옳거니, 이럴 때 얼른 나무 위로 올라가 포도를 왕창 따야지!' 하고 생각한다. 당연히 나무 위에서의 경쟁은 치열할 것이고 자칫 잘못하면 떨어져서 다칠 수도 있다.

반면에 일본에서는 커다란 포도송이가 주렁주렁 매달려 있는 걸 보면서도 '괜히 올라갔다가는 떨어져 다칠지도 몰라' 하는 걱정과 '저 사람이 움직이지 않는데 먼저 움직일 수는 없지' 하는 조심스러운 마음 때문에 아무도 섣불리 움직이려 들지 않는다. 서로 쳐다보며 머뭇머뭇하기만 할 뿐이다.

이때 만약 위험을 감수하고 포도를 따려는 사람(전형적으로는 일본 최대 IT 기업인 라쿠텐의 미키타니 히로시 회장이나 무선통신 서비스 기업 소프트뱅크의 손정의 회장 같은 사람들)이 나온다면, 미국이나 한국에 비해 상대적으로 손쉽게 과실을 손에 넣을 수 있을 것이다.

일본인은 위험 회피 성향이 강하다는 말을 들으면 반사적으로 '그러니까 이직이 안 맞는 거야' 하고 생각할지도 모른다. 하지만 개개인에게 가장 적합한 답이 무엇인지 다시 생각해보자. 오히려 **위험을 회피하려는 성향이 강한 만큼 적극적으로 위험을 무릅쓰고 앞으로 나설 경우의 기대 효용은 더욱**

크다고 볼 수 있다.

> 꼭 필요한 일을 할 때 대담하고 과감하게 실행한다는 것은 사려 깊다는 뜻이다. 마키아벨리 《피렌체사》

르상티망에
사로잡히다

위기에 맞서지 않고 그저 포도송이가 매달린 나무를 바라만 보고 있는 사람들은 나중에 '저 포도는 굉장히 신맛이 날 거야' 하며 자신을 위로한다. 그런 사람들이 사로잡혀 있는 선망과 질투, 그리고 열등감이 복잡하게 뒤섞인 감정을 덴마크의 사상가 키르케고르는 **르상티망** 키르케고르가 상정한 철학상 개념으로, 프리드리히 니체의 《도덕의 계보》에서 이 말이 재정의되고 이후 막스 셸러의 저서에서 다시 언급되면서 일반적으로 널리 사용되었다이라고 명명했다.

니체는 자신의 저서에서 **르상티망을 지닌 사람들은 매우 수동적이며 스스로 변화를 주도하지 않기**(또는 못하기) **때문에 '타인과 같다'는 데서 최대의 가치를 찾아내고 이를 '도덕적'이라고 여긴다**고 설명했다.

이는 썩 달가워하지 않을 이야기이겠지만 일본에서 일어나고 있는 상황을 실로 적확하게 표현하고 있다. 예전에 일본의 축구 대표 감독을 지낸 필립 트루시에는 처음 일본에 왔을 때 "횡단보도에서 신호등에 빨간 불이 켜졌을 때 아무도 건너지 않는 데 충격을 받았다"고 술회했다. 그는 빨간색 신호일 때 건너지 않는 일에 왜 그렇게 놀랐을까?

그에게는 빨간색 신호 앞에서 그저 기다리고 있는 동작이

스스로 상황을 판단해서 행동하지 못하는 증거였던 것이다. 그래서 트루시에 감독은 이러한 문화 속에서 자라난 선수는 경기장에서도 주체적인 판단을 내리지 못할 것이 분명하다고 여겼고, 무엇보다 선수들에게 스스로 상황을 판단해 위험 요소를 무릅쓰고 주체적으로 움직일 수 있는 정신력을 심어 줘야 한다고 주장했다. 이것이 그가 일본인에 대해 최초로 느낀 점이었다고 한다.

나도 물론이고 사람들은 대부분, 차가 지나가지 않더라도 빨간 신호등이 켜졌을 때는 기다려야 한다는 것을 당연하게 여기고 있기에 트루시에 감독의 발언에는 무척 당혹스럽다. 하지만 반대로 생각하면 그만큼 '남을 앞서는 행동'에 대한 **사회적인 압력과 규범에 우리가 지나치게 속박되어 있다는** 뜻일 것이다. '모난 돌이 정 맞는다'는 말이나 매한가지다. 이는 또한 일본 기업이 대체로 퇴직자에게 냉담한 이유와도 들어맞는다. 왜 냉담한 것일까? **퇴직자가 퇴직 후에 더욱 행복해지거나 부유해지면 조직에 르상티망이 침투하기 때문이다.**

니체는 저서를 통해 르상티망을 격렬하게 공격했는데, 이는 르상티망이 인간을 좋은 방향으로 향상시키기는커녕 오

히려 폄하함으로써 안도감을 느끼게 하려는 심리적 압력으로 작용하기 때문이다. 그 전형적인 예로서 일본의 격차 사회에 대한 논의를 들 수 있다.

목소리를 높여 격차 문제를 제기하는 사람은 부유층에 너무 많은 돈이 흘러 들어간다는 점을 지적한다. 하지만 본래 격차라는 것은 상대성 문제이므로 빈곤층의 수준을 끌어올리는 해결책도 있게 마련이다. 실제로 게이오기주쿠대학교의 다케나카 헤이조 명예교수는 "현재의 문제는 격차 문제가 아니라 빈곤 문제"라고 지적했다.

분명히 소득 분배의 불평등 정도를 수치로 나타내는 지니계수를 살펴보면 일본의 수치는 OECD 내에서는 가입국들의 평균치에 가깝다. 또한 추이 변화에서 약간 상승 기미는 보이지만 1990년대와 거의 같은 추세로 움직이고 있으므로 '격차의 확대'가 문제라고 말하기는 어렵다. 즉, 일어나고 있는 일은 **격차라는 상대성 문제가 아니라 '빈곤층 확대'라는 절대적인 문제라는 뜻이다.**

하지만 격차를 공격하는 사람의 발상은 왠지 거기까지 미치지 못한다. 오로지 문제가 되는 것은 부유층에 너무 많은

돈이 흘러 들어간다는 점이다. 이는 요컨대 "높은 곳에 있는 사람들을 끌어내려서 평등성을 확보하라"고 말하는 것이나 다름없으므로 르상티망에 사로잡힌 사람들의 전형적인 사고 패러다임이라고 할 수 있다.

니체는《차라투스트라는 이렇게 말했다》에서, **타인과 같다는 사실에 최대의 가치를 인정하는 사람들을 '가축의 무리'라고 이름 붙이고 초인超人의 반대 개념으로서 대비했다.** 초인 사상은 니체 본연의 사상적 배경과 달리 나치스나 북유럽 국가들의 우생 정책에 이용되기도 하므로 극히 민감하게 다루어야 할 개념이지만 가축 무리, 즉 오로지 다른 이들과 같아야 도덕적이라고 믿는 사람들만으로 이루어진 사회에서는 진보와 발전을 바랄 수 없음을 쉽게 상상할 수 있다.

예전에 '넘버원 재팬'이라는 말을 듣던 '일본주식회사'일본의 국민 경제를 회사 조직에 비유해 사용한 용어로 미국의 제임스 아베글렌이 제창했다 시스템 제도가 현실에 맞지 않는다고 밝혀진 1990년대 초반에서 이미 사반세기를 지나고 있는데도 이 국가의 새로운 모습은 좀처럼 보이지 않는다.

진부해서 나 자신도 비교하기 민망하지만 역시 **왜 미국은**

가능하고 일본은 불가능할까? 하는 물음은 끊임없이 고민해 봐야 할 과제다. 그리고 중대한 이유 가운데 하나는 **르상티망에 사로잡히기 쉬운 국민성**에 있다고 생각한다. 다른 모든 사람과 똑같아야 도덕적으로 대우받을 수 있고, 집단에서 뛰쳐나가 달콤한 포도를 따온 사람들을 이러쿵저러쿵 트집 잡아 괴롭힘으로써 강제로 '신 포도'로 만드는 경향이 강한 사회에서는 세계를 이끌어갈 새로운 라이프 스타일이나 기술 혁명이 탄생할 수 없다.

대학을 갓 졸업한 학생이 회사를 합리적으로 선택할 수 있을까

마지막으로 지적하고 싶은 점은, 애초에 대학을 졸업하고 처음 들어간 회사에서 평생 일한다는 발상 자체가 부자연스럽고, 적어도 비합리적이지 않은가 하는 의문이다.

이미 사회인이 되어 몇 해를 지내본 사람은 잘 알겠지만, 학생들에게 평생을 보낼 회사를 선택하라고 종용하면서 합리적인 선택을 요구하는 건 어려운 정도가 아니라 터무니없는 말이다. 학생은 아직 회사를 고를 안목도 없고 자신에게 어떠한 일이 잘 맞는지도 모르기 때문에 그저 회사의 인지도나 세간의 평판, 급여 조건, 회사 위치, 또는 소개팅에서 상대가 좋아할 만한 회사인지 아닌지 등 매우 표면적인 이유로 회사를 결정하기 쉽다.

그러나 학생들이 이러한 기준으로 회사를 선택한다고 해서 나무랄 수는 없다. 학생 입장에서는 당연히 그럴 수밖에 없지 않은가.

다양한 업계의 사정을 속속들이 파악한 뒤에 산업경제학에서 얻은 기능과 지식까지 활용해서 직업을 고르는 학생이 있다면 그 또한 꺼림하다.° 이런 학생에게는 뭔가 중요한 것이 결여되어 있는 게 아닌가 하는 생각마저 든다.

학생이란 원래 여리고 민감하며 또 그렇기에 그 시절은 아름답다. 그 순수하고 여린 감성으로 표면적인 정보에 근거해 선택한 회사가 정말로 평생을 보낼 만한 회사인지는 당연히 의문이 들 수밖에 없다.

○ 컨설팅 회사에 대학을 갓 졸업했거나 졸업 예정자로 지원하는 학생들 가운데 이런 사람이 가끔 있다.

잘 맞는 회사를
찾기 위한 발상

만약 태어나서 처음 들어간 음식점에서 먹은 음식만을 평생 먹어야 한다면 누구나 "말도 안 돼!" 하고 반응할 것이다. '어느 음식점이 맛있는가? 어느 정도의 가격에 어느 정도의 요리가 적당한가?' 하는 지식과 감성은 여러 번 실패를 거듭하는 과정에서 가까스로 얻을 수 있다. 그렇게 해서 비로소 인생의 레스토랑이라고 여길 만한 곳이 몇 군데 생긴다. 그 시기는 빨라도 20대 후반, 정말로 인생의 벗이라고 할 만한 레스토랑을 만나게 되는 때는 역시 30~40대가 대부분일 것이다.

그런데 이 예에 회사를 대입해서 생각하면 왜 아무도 이상하다고 받아들이지 않는 걸까. 20대에 회사가 무엇인지조차 전혀 모르는 상황에서 별다른 갈등도 없이 평생을 지낼 직장을 결정하는 일이다. 이러한 과정을 거쳐 선택한 회사가 그 사람이 정말로 마음을 쏟고 일생을 몸담을 수 있는 곳일지를 생각하면 상당히 큰 의문이 들 수밖에 없다.

미국과 유럽처럼 고용의 유동성이 높은 사회에서는 처음에 선택한 회사가 자신에게 잘 맞지 않을 때 나중에 얼마든지 회사를 옮길 수 있지만 일본에서는 상황이 다르다. 이 문제를 해결하려면 학생들에게 자신과 잘 맞는 회사를 가려낼

줄 아는 능력을 갖추게 하고 그런 뒤에 회사를 선택하기 위한 정보의 비대칭성을 없애줄 필요가 있는데, 이는 앞서 말한 대로 학생답지 않을뿐더러 그렇게 한다고 해서 정말로 잘 맞는 회사를 찾을 거라고 장담할 수도 없다.

그래서 나는 아주 대담한 발상을 하나 생각해냈다. 일단 30세 정도에 모든 직업인에게 일하기를 멈추게 하고 1~2년 동안 놀게 한 뒤에 앞으로 자신이 30~40대를 보낼 회사나 직업을 선택하게 하는 취업 시스템을 만드는 것이다.

국가 전체의 차원에서 인재를 적재적소에 배치해 활용한다면 국가의 생산성, 특히 제3차 산업의 생산성을 대폭 향상시킬 수 있다. 그렇다면 지금처럼 **위험 감수 성향이 높은 일부만이 이직을 감행해 자신에게 적합한 일이나 직장을 찾기보다는, 모든 직업인을 한 번 다 뒤섞어 20대의 경험을 토대로 이후의 인생을 다시 선택하게 하는 사고와 방법도 가능하지 않겠는가.**

이직은 왜 부도덕하게 인식되는가

종신고용은
전통이 아니다

일본에는 종신고용과 연공서열에 대한 뿌리 깊은 예찬 성향이
있다. 이런 주장을 하는 사람들 대부분은 대체로 종신고용은
일본 문화에 뿌리내린 전통적인 미덕이라는 취지의 주장을 내
세우고 있지만° 이는 **있을 법한 착각일 뿐, 사실과 다르다.**

　우선 **종신고용**이라는 말은 보스턴컨설팅 그룹 도쿄지사
의 초대 대표였던 제임스 아베글렌이 1958년에 출간한 저서
《일본의 경영The Japanese Factory》에서 일본의 특징으로 지
적한 신조어다. 아베글렌은 종신고용 외에도 **기업 내 조합**과
연공서열을 일본 기업의 특징으로 꼽았다. 따라서 이 용어들
은 **본래 있던 '일본 고유의 말'이 아니라** 최근에 생겨난 신조
어이며, 심지어 미국인이 만들어냈다.

　용어로서는 새로울지 몰라도 예로부터 정착된 관습은 맞
지 않느냐고 반박하는 사람도 있을 것이다. 하지만 그렇지 않

° 　이를테면 베스트셀러가 된 《국가의 품격国家の品格》의 저자 후지와라 마사히코 씨는
〈슈칸신초週刊新潮〉(2009년 1월 29일호)에 기고한 글에서 고이즈미 다케나카 개혁
2001~2006년 고이즈미 준이치로 내각 때 실시한 구조 개혁으로 당시 국무대신이 된 다케나카 헤이조
씨가 주도했다고 언급하며 '그들이 실행한 개혁이라는 이름 아래 얼마나 많은 일본 문화
가 파괴되었는가, 종신고용과 연공서열을 중요하게 여기고 가족처럼 여겨 함부로 해
고하지 않는 일본적인 경영 방식이 그러하다'고 일갈했다.

다. 종신고용이 일본 기업에 뿌리내린 것은 제2차 세계대전 후의 일이다. 예를 들어 다이쇼시대(1912~1926년)의 정부 통계를 살펴보면, 근속 연수가 10년 이상인 사무직 종사자들은 단지 몇 퍼센트에 불과할 정도였으며 대부분은 몇 년 안에 직장을 바꾸는 상황이었다는 사실을 알 수 있다.

그렇다면 그때까지 뿌리내리지 못했던 종신고용이 왜 종전 후 급격히 일본 기업에서 표준적인 고용 형태로 자리 잡았을까? 거기에는 **몇 가지 요인이 복합적으로 작용**했다.

한 가지는 **국가 정책**이다. 전쟁으로 인해 수도가 초토화되고 경제도 인심도 무너진 국가를 새로 일으켜 세우려면 전시 체제에서와 같이 국가 전체가 하나가 되어 일해야 했다. 정부가 리더십을 발휘하여 전략적으로 육성할 산업을 결정하고 노동력을 투입해 가능한 한 빨리 발전시켜야 했던 것이다. 이때 노동 비용 상승이라는 문제가 대두되었다. 노동 시장이 활성화되면서 상승한 노동 비용이 일본 산업의 국제적인 경쟁력을 방해하게 된다.

물론 노동 시장의 활성화와 노동 비용의 상승은 노동자 본인에게는 자신에게 맞는 일을 하면서 더 높은 임금을 받을

수 있어 두 손 들어 환영할 만한 일이지만 국가 전체의 관점에서 생각할 때는 개개인이 자신에게 맞는 일을 찾아 높은 임금을 받는 상황보다 개개인의 적성과 관계없이 정부가 결정한 중점 사업에 대량의 인력을 투입해 장기간 록인lock-in 소비자가 일단 어떤 상품이나 서비스를 구입하고 이용하기 시작하면 다른 유사한 상품, 서비스로의 수요 이전이 어렵게 되는 현상, 또는 그렇게 만들어놓는 상태를 가리킨다해서 숙련도를 높여야만 하는 것이다.

즉, 일본 정부는 노동 시장을 활성화시켜 주요 산업 내의 기업이 국제적인 경쟁력을 잃기보다는 **노동 비용을 낮게 유지하여 비용 경쟁력을 높이고자 했다.** 분명 전쟁 중일 때와 같은 사고방식이다. 이 정책이 결과적으로 전쟁 때부터 유지된 종신고용과 연공서열 제도의 채택 분위기를 더욱 견고히 정착시키는 데 기여했다. 게다가 **외국 자본에 의한 매수를 두려워한 주식 상호보유제**관련 기업 간에 서로 상대 기업의 주식을 보유하여 자본상 관계를 강화하는 일도 **연공서열이나 종신고용의 관습이 정착하는 데 한몫 거들었다**고 분석할 수 있다.

주주들의 주식 상호 보유가 진행되면 경영 관리 체계는 주주 주권에서 종업원 주권으로 중심을 옮겨간다. 그 결과, 기

업 내 승진을 통해 경영자를 선출하는 방식이 도입되어 연공 서열과 종신고용 제도를 더욱 강화하는 방향으로 흘러가는 것이다. 한마디로 종신고용 제도는 전쟁이 남긴 유물이라고 해야 하며 일본 고유의 전통과는 전혀 관계가 없다.

문화적 차이
때문만도 아니다

종신고용과 연공서열을 예찬하는 이유로서 두 번째로 자주 듣는 말은, 이들 제도가 **일본의 문화적 측면에 적합하다**는 주장이다. 단순히 말해서 일본은 유교 국가이므로 연공서열이 중요하다고 하는 것이다.

유교는 오상五常, 즉 사람이 항상 지켜야 할 다섯 가지 도덕으로 인의예지신仁義禮智信을 강조한다. 이 윤리에 따라 부모와 자식, 임금과 신하, 남편과 아내, 어른과 아이, 친구와 친구라는 다섯 갈래의 인간관계에서 도리를 다할 것을 가르친다.

종신고용이나 연공서열은 이 가운데에서 군신君臣과 장유長幼 관계의 유지라는 점에 어쩌면 딱 들어맞을지도 모르겠다. 그렇다고 고용의 유동성을 높일 수 없다는 논리는 다소 극단적이 아닐까. 만약 그 논리가 맞는다면 유교적 측면이 더욱 강하게 사회에 침투해 있는 중국과 대만의 고용 유동성이 일본보다 높다는 사실을 합리적으로 설명할 길이 없다.

연공서열로 인해 좀처럼 임원이 될 수 없다는 이유로, 중국 내 취업 인기 기업 목록에서 일본 기업이 항상 낮은 순위에 머물고 있는 현상도 유교가 침투해 있는 사회에서 반드시 연공서열과 종신고용을 선호하는 건 아니라는 사실을 반증

하고 있다. 이로써 유교적 가치관이 침투해 있는 일본에서는 연공서열이 바람직하다는 통속적인 주장은 잘못되었다고 말할 수 있다.°

° 연공서열 체제에서는 인건비가 절감된다는 이점도 있다. 애초에 연공서열은 직원 수가 수만 명에 이르는 히다치나 도시바 같은 대기업들이 전쟁 전부터 전쟁 중에 산정 임금을 삭감하기 위해 근속 연수에 따라 자동적으로 임금이 결정되는 체제를 도입하면서 이를 계기로 일본에 정착된 제도다. 하지만 연공서열을 옹호하는 사람들은 왜인지 이러한 합리적인 장점에 대해서는 언급하지 않는다.

기대와 보수의
어긋난 차이

합리적이지 못하다는 사실은 종신고용과 연공서열을 지지하는 사람들에게 이 논리가 일종의 미덕으로 여겨진다는 것을 의미한다. 그렇다면 왜 일본에서 종신고용은 미덕으로 여겨지는가?

고용을 근로자와 회사의 관계라는 관점에서 볼 경우, 고용 관계란 '근로자는 시간과 노동력, 지식 등 자원을 제공하고 회사는 급여를 비롯한 복리 후생으로 보답한다'는 교환 행위를 통해 서로 이익을 주고받는 관계라고 할 수 있다. **상호 이익 관계** 즉, 상부상조하는 사이다.

상부상조가 전제된다는 것은 **쌍방이 서로 제공하는 이익의 균형이 깨질 경우 이 관계는 성립되지 않는다**는 뜻이기도 하다. 준 만큼 돌려받는다. 실로 단순한 관계로 이 전제 조건이 지켜지지 않을 때는 언제든지 계약을 해지하면 된다. 이는 비즈니스 세계에서 당연한 이치이며 미덕도 부덕도 아니다.

그런데 일본에서는 이 계약의 해지(회사 측이 주도하면 해고가 되고 근로자 측이 주도하면 퇴직이다)가 부도덕하게 인식되는 경향이 있다. 왜 이러한 풍조가 생겨났을까? 여러 의견이 있지만 한 가지 중요한 이유는 **상부상조 관계에서 시간 축이 엇**

갈리기 때문이다.

첫 번째 어긋나는 시기가 신입 사원에서 5~6년차까지다. 일본 기업 중에서도 특히 대부분의 대기업은 인재의 주요 공급원을 대졸 신입 채용에 의지하고 있는데 대졸 신입으로 고용한 단계부터 약 5~6년까지는 사원이 내는 성과가 회사가 제공하는 대우 수준을 밑돈다. 회사로서는 **성과<대우**의 상황이 지속되는 이 시기를 선행 투자라고 생각한다. 물론 투자이므로 위험을 동반한다.

구체적으로 말하자면, 투자한 대상인 사원이 성장하지 못해 회수할 만큼의 실적을 내지 못할 경우와 성과를 낼 만큼 키워냈지만 결국 퇴직하는 경우의 두 가지 위험 요소를 내포하고 있다.

이러한 위험 부담을 기피하는 회사는 신규 대졸 채용을 적극적으로 실시하지 않는다. 대표적인 사례가 바로 컨설팅 회사다. 컨설팅 회사는 대체적으로 신규 대졸 채용에 소극적이다. 일본에서는 소수 인원을 모집하기도 하지만 아무래도 노동력의 유동성이 극히 낮다 보니 해외 각국의 사무소에서는 어디까지나 경력직 채용을 주축으로 인원을 충당한다. 신규

채용은 리스크가 크기 때문이다.

컨설팅 회사에서 필요로 하는 직업 능력은 그 폭이 좁은 데다 개인에 따라 업무가 맞는지 맞지 않는지의 여부가 상당히 명백하게 갈리는 업종이다. 그러므로 회사로서는 신규 대졸자를 채용해도 회사가 원하는 수준으로 육성하지 못할 가능성이 높다고 판단하는 것이다.

하지만 대부분의 일본 기업은 선행 투자로서의 신규 대졸 채용을 적극적으로 시행한다. 위험 부담이 낮다고 단순하게 판단하기 때문이다. 인재 채용에 대한 리스크가 낮다, 즉 제대로 육성할 수 있고 도중에 그만두지 않는다고 믿기에 기업은 안심하고 신규 대졸자를 대량으로 채용해 초기 단계에서 분에 넘치는 대우로 투자한다.

바로 여기에 이직을 부도덕하게 여기는 첫 번째 요인이 있다. 만약 입사자가 30세 이전에 이직해버리면 **회사로서는 '기껏 키워서 이제 막 투자 비용을 회수하기 시작하려는 찰나에 그만두다니!' 하고 괘씸하게** 생각할 수밖에 없다.

반대로 말하면, 일본 기업의 대부분은 신규 채용으로 입사한 젊은이에게 과분한 대가를 지급해 근로자에게 일종의 '빚

진 마음'이 들게 만드는 것이다. 누구나 은혜를 원수로 갚으려 하지 않는 법이다. 이것이 바로 젊은 층의 퇴직이 부도덕하게 인식되는 구조적인 요인이다.

그렇다면 퇴직과 반대 측에 있는 계약 해지, 즉 해고를 부도덕하게 여기는 풍조는 어떻게 형성되었을까. 여기까지 읽은 사람은 이미 알아차렸을 텐데, 이 또한 서로 이득이 되는 관계의 시간 축이 어긋남으로써 영향을 미친다.

20대의 젊은 시절에 '성과〈대우'였던 회사와 근로자의 관계는 30대, 40대로 가면서 역전되어 '성과〉대우'의 상황으로 바뀐다. 이 시기에는 **근로자가 회사에 기여하는 크고 다양한 성과에 비해 회사 측은 충분치 않은 대우로 보상하는 구조가** 형성되는 것이다.

그러다가 40대 후반에서 50대가 되면 다시 '성과〈대우'라는 일종의 명예직 기간을 거쳐 퇴직에 이르게 된다. 이 마지막 기간은 임원으로 승진하는 극히 일부분만이 성과를 확장시키는 반면에, 나머지 대부분은 생산 활동을 축소 또는 정지하고 직장 경력 중에서 가장 높은 급여를 받는다.

쉽게 정리해보면, 한창 일할 시기인 30~40대 직원과 회사

의 관계는 '언젠가 보상해줄 테니 지금은 이만큼만 받고 노력해주게나!' 하는 **보수 유보의 시기**라고 할 수 있다.

여기에 해고가 부도덕하다고 인식되는 구조 요인이 있다. 회사는 이른바 후불을 암묵적으로 약속하고 직원에게 일을 시킨 셈인데 막상 지불해야 할 시기가 되어 해고한다는 것은 극단적으로 말하면 채무 불이행이다. 이 점이 바로 시간 축이 엇갈리는 두 번째 요인이다.

20대 젊은이는 성과에 걸맞지 않은 대우로 사로잡아 회사에 록인하고, 30~40대에게는 장래의 고용 보장과 연금 형태의 보수를 넌지시 내비치면서 붙잡아 록인한다. 그리고 50~60대가 되어 노동 시장에서의 가치가 제로가 되면 비로소 그때까지의 수지가 엇비슷해지도록 마지막으로 정산하는 기본 구조가 형성되어 있는 것이다.

30세 전후의 퇴직과 중년의 구조 조정을 부도덕하게 여기는 풍조는 어떤 경우든 암묵적인 계약의 불이행이 불성실하다고 여기는 사고에서 비롯된다.

리스크
프리미엄

성과와 보수가 어긋나는 체제가 일본 기업에만 있는 것은 아니다. 정도의 차이는 있지만 언제 어디서나 볼 수 있는데, 한 가지 걱정은 **사업이나 기업의 불안정성이 높아짐에 따라 이 체제가 비용 증가로 이어질 수 있다는** 점이다. 그 이유는 무엇일까?

금융 이론에서는 장래에 대한 불확실성이 높아지면 높아질수록 리스크 프리미엄(투자나 금융 상품에서 위험 부담분만큼 높아지는 기대 수익률의 차이)이 보태져 자금 조달 비용이 증가한다는 사고방식이 있다. 모델을 단순화해서 생각해보자.

30세 회사원이 매년 2천만 엔의 실적을 올리는데도 본인에게는 1천만 엔밖에 배당되지 않는다고 하자. 회사는 "1천만 엔의 잉여분은 50대가 되면 급여에 얹어 지급하겠다, 그 대신에 절대로 해고하지 않는다"고 주장한다.

당신이라면 어떻게 판단하겠는가? 만약 근무하고 있는 회사가 매우 안정적이고 틀림없이 정년퇴직까지 현재 수준의 실적을 유지할 수 있다(그렇게 보증할 수 있는 기업은 현재 거의 존재하지 않지만)면 금리만큼의 기회 손실(본래 받아야 할 금리가 지급되지 않음)이 마이너스가 되어도 이는 고용 보장과 상쇄된다

고 보고 제안을 받아들일지도 모른다.

반면에 근무하는 회사가 다양한 업계 구조의 변화에 직면해서 언제 어떤 일이 일어날지 모르는 상황(현재 일본 기업의 대부분이 이 상태다)이라면, 20년 후에 지급할 1천만 엔을 오늘 지급해달라고 말하는 사람도 나올 것이고, 반대로 장래에 지급할 거면 차액인 1천만 엔에 리스크 프리미엄을 얹어달라고 요구하는 사람도 있을 것이다. 그렇다면 그 프리미엄은 어느 정도의 영향을 미칠 것인가?

30세 시점에서 급여를 예금해놓았다가 50세 시점에서 되찾는다고 치면 예치 기간은 20년이다. 30세 시점에서 받은 1천만 엔으로 위험이 가장 낮은 투자방법인 20년 국채를 구입할 경우의 이자보다 높은 금액이 붙지 않는다면, 굳이 위험을 무릅쓰고 회사에 맡길 이유가 없다.

따라서 기업은 1천만 엔으로 20년 국채를 구입할 경우의 수령액인 약 1,500만 엔(금리 2퍼센트일 때)에 각각의 위험 요인에 상응하는 프리미엄을 얹어서 지급해야 한다. 이 리스크 프리미엄 금액은, 금리를 2퍼센트로 가정했을 때 20년 후에 약 700만 엔, 4퍼센트라면 1,700만 엔, 6퍼센트라면 3,200만

엔이 된다.

    다시 말해 안정성이 낮은 회사일수록 더욱 큰 금액의 프리미엄을 더해서 계약해야 하므로 이는 상당히 큰 비용 부담을 미래로 미루는 일이다.

한직으로 밀려나지
않으려면

이 책의 주제인 천직 찾기라는 측면에서 생각하면 이러한 제도는 **이직하려는 개인에게는 매우 강력한 제동으로 작용**할 수 있다.

현재 제도로는 30세를 넘어선 시점부터 스스로 일해서 벌어들인 금액의 일부를 예금으로 회사에 계속 맡겨두고 정년 전 10년 동안 실질적으로는 일을 하지 않고 연금과 같은 형태로 지급을 받는 구조다. 일정 연령 이상이 되면 이직 시 예금 축적액을 포기하면서 감수해야 할 손실(투자 축적한 금액을 실제로는 돌려받지 못할 가능성이 높기 때문에 진짜 손실인지 아닌지는 알 수 없다)이 커져서 쉽사리 이직할 수 없다.

회사에 록인된 것이다. 분명 제대로 대우하지도 않으면서 이러지도 못하고 저러지도 못하게 묶어놓는 상태다.

내가 항상 **회사와 근로자 관계는 서로 대차貸借가 없어야 좋다**고 주장하는 것도 바로 이 때문이다. 회사와의 사이에 대차 관계가 발생하면 **자신의 인생을 주체적으로 의사 결정하고 조절할 수 있는 자유도가 낮아진다.**

특히 개인으로서는 빚이 있는 상태에서 그 대가를 돌려받지 못한 채 퇴직하는 것에 심리적으로 큰 저항감이 있을 것

이다. 일본에서 중년층 노동력의 유동성이 낮아 결과적으로 국가 전체의 생산성이 낮은 현상도 이 점에 중대한 원인이 있다고 분석할 수 있다.

마지막으로, 앞으로의 시대에 이 대가는 돌려받지 못할 가능성이 높다는 사실을 충분히 인식해야 한다. 이 제도는 **세계 사적으로도 특이한 고도 경제성장 시대를 배경으로 생겨난 제도이며** 이 시기는 국민 전원의 소득이 10년도 채 안 된 사이에 배로 증가했을 정도로 호황이었다. 오늘날과 같이 모든 방면의 변화가 극심하고 성장성과 안정성이 낮은 시대에, 회사에 맡긴 예금을 몇 십 년 후에 되찾는다는 발상은 위험 요소가 높은 사고방식이다. 앞으로의 시대에는 지금 성과를 낼 수 있다면 성과를 낸 만큼 당장 돌려받는다는 사고방식이 필요하다.

셰익스피어의 《햄릿》에서는 프랑스로 유학을 떠나는 레어티즈에게 그의 아버지가 "친구에게 돈을 빌려주면 결국은 친구도 돈도 잃게 된단다" 하고 조언하는 장면이 나온다. 이는 결국 **돈을 맡기면 되찾지 못한다고 생각하라**는 뜻이다. 셰익스피어 시대부터 가르침을 주는 잠언이 드디어 기업과 근로

자의 관계에서도 성립하는, 어떤 의미에서는 당연한 시대가
되었다고 해야 할지도 모르겠다.

이직 사회의
부정적인 면

사회학자이자 슈토다이가쿠도쿄의 미야다이 신지 교수는 노동력의 유동성이 높은 사회를 **교체가 자유로운 사회**라고 명명하고 '교체 가능한 존재라는 사실을 별수 없이 받아들여야 하는 우리는 성숙 사회를 어떻게 살아가야 하는가?' 하는 문제의식을 토대로 다양한 의견을 제시했다.

미야다이 교수가 교체의 자유를 반드시 고용 관계에만 한정된 논의로 사용하는 것은 아니다. 하지만 이 주장을 기업과 근로자의 관계라는 틀에서 생각할 경우 노동력의 유동성이 높은 사회를 교체가 자유롭다고 인식하는 사고가 잘못된 것은 아니지만 그렇게 언급하기에는 불충분하다. 왜냐하면 교체의 자유란 기업 측에서 본 시점이기 때문이다.

기업 측에서 볼 때 교체가 자유롭다는 것은 동시에 근로자 입장에서는 선택의 자유가 있다는 뜻이다. 자유연애 사회에서 남성이 여성을 선택할 자유를 얻었다고 한다면 그건 맞는 말이지만, 여성 또한 남성을 선택할 자유를 얻은 것이라는 사실을 간과해서는 안 된다.

앞서 말한 대로 연공서열과 종신고용 제도는 그 제도를 바라지 않는 사람들도 어느새 회사에 록인되는 제도다. 이들 제

도가 무너지면 기업 측은 확실히 교체의 자유라는 효용을 손에 넣게 될지 모르지만, 한편으로는 근로자 또한 자신의 의사로 회사를 선택할 자유를 손에 넣게 되므로 이 점을 언급해야 공정하다.

노동력의 유동성이 높은 사회는 결국 노동 시장이 활성화되어 있다는 뜻이므로 교환이 이루어지는 양측 모두에게 의사 결정의 자유도가 높아진다고 생각해야 합리적이다.

이때 교체의 자유라는 표현은 교환의 주체가 되는 양측 가운데 한쪽, 즉 기업 측의 장점밖에 말하고 있지 않기 때문에 반대쪽인 근로자 측의 입장에서는 매우 부정적으로 보인다.

더욱 심도 있게 말하자면, 노동력의 유동성이 높은 사회는 정말로 교체가 자유로운 사회일까?

교체의 자유라는 말은 구성원을 들이는 것도 내치는 것도 자유라는 뜻이며 기업이 좋을 대로 인재 자원을 획득하고 조정할 수 있다는 의미지만, 컨설팅 현장에서 기업 고객에게 인재 채용이나 활용에 관한 고민을 매일같이 듣고 있는 내 입장에서는 이 주장에 상당히 거부감을 느낀다. 오히려 기업들이 단순 노동자를 필요로 하던 고도 경제성장 시대보다 오늘

날에는 교체 가능한 계층이 축소되었다고 생각할 수 있다.

카를 마르크스는 생산의 세 가지 요소로 자본, 노동, 토지를 꼽았다. 그리고 자본이 희소하고 노동력은 과잉 상태이므로 노동자가 착취당하고 생성해낸 노동의 가치는 자본가에게 축적된다고 강조했다.

만일 오늘날 이 사회가 19세기 당시와 같이 자본이 희소하고 노동력이 과잉한 세상이라면 교체 자유 상태가 되므로 손해를 보는 사람은 당연히 노동자 측일 것이다. 하지만 현재 사회는 피터 드러커가 1970년대부터 지적했듯이 지가사회知価社会공업화 사회 이후 지혜가 가치를 창출해내는 사회로 바뀌어가고 있다.

마르크스의 이론을 토대로 설명하면 자본, 노동력, 토지 가운데서 노동력이 가장 희소한 반면에 자본이 과잉한 세계로 바뀌어가고 있다. 이러한 사회에서는 교섭의 힘 균형이 노동자 측으로 대폭 옮겨간다. '교체 자유'가 이루어지는 동시에 '선택 자유' 또한 이루어질 것이다.

아노미
사회로

노동력의 유동성이 지나치게 높은 사회, 즉 이직이 활발한 사회에는 어떤 문제가 있을까. 내가 우려하는 **가장 심각한 위기는 아노미화다.** 아노미는 본래 프랑스의 사회학자 에밀 뒤르켐이 제창한 개념이다. 무규범이나 무규칙으로 번역되는 경우가 많은데 이는 아노미가 초래하는 결과다. 본래의 맥락을 존중해 표현하면 **무연대**無連帶라고 해야 더 정확하다.

뒤르켐은 《사회분업론》에서 분업이 지나치게 발달한 근대 사회에서는 기능을 통합하는 상호 작용의 행위가 결여되어 공통 규범이 생겨나지 못한다고 지적했다.

요컨대 사회 규제와 규칙이 느슨해져도 개인은 자유로워지지 못하며 오히려 불안정한 상황에 빠진다. 따라서 규제와 규칙이 느슨해지는 현상이 반드시 사회에 바람직한 것만은 아니라고 주장한 것이다. 국가가 아노미 상황에 빠지면 각 개인은 조직과 가정에서 연대감을 잃고 **고독감에 힘겨워하며 사회를 표류하게 된다.**

일본은 세계대전이 끝난 후 일왕을 중심으로 한 국체国体라는 큰 스토리를 상실했지만 1960년대 중반까지는 촌락 공동체가, 그 후로는 좌익 활동과 회사가 아노미의 방파제 역할

을 했다. 유사한 규범을 형성하고 개인 간의 유대를 이루면서 일정 규모의 집단 사회가 응집성을 유지했던 것이다. 그런데 **최근 20여 년간 그 응집성이 조금씩 약해지고 있다.**

사회주의 국가의 잇따른 파탄으로 공산주의는 이데올로기로서 큰 명맥을 유지할 수 없게 되었고, 마찬가지로 좋은 대학을 졸업하고 대기업에 들어가 열심히 일하면 평생 행복하게 살 수 있다는 정론도 무너진 이상, 이제는 회사에 아노미를 막아주는 역할을 기대하기는 어렵다.

실제로 일본에서는 아미노화 진행을 암시하는 다양한 현상이 나타나고 있다. 오늘날 사람들 입에 자주 오르내리는 '무연사회'라는 말은 사회가 아노미 상태에 점점 빠져들고 있음을 시사하고 있다.

일본에서 1990년대 이후 자살률이 높은 수치를 보이고 있는 현상 또한 뒤르켐이 지적했던 일이다. 뒤르켐은《에밀 뒤르켐의 자살론》에서 자살을 '이기적인 자살' '이타적인 자살' '아노미적인 자살' '숙명적인 자살'의 네 가지로 분류하고 성숙 사회에서는 사람들의 욕망이 과도하게 비대해진 나머지 개인의 불만, 초조, 환멸 등 갈등이 증대되어 아노미적 자살

이 증가할 것이라고 예언했다.

광신도 카르트 교단으로 젊은이들이 몰린 것도 1990년대 이후 현저하게 드러난 현상이며 이 또한 아노미화의 진행에 대한 청년층의 무의식적인 반사로 생각할 수 있다.

아노미화를
막으려면

한 치 앞을 알 수 없을 정도로 가족과 회사의 미래가 불투명한 상황에서 사회의 아노미화를 막을 수 있는 방법은 무엇일까.

첫째, **가족의 회복**이다. 일본의 이혼율은 전쟁이 끝난 후 1960년대에 걸쳐 완만히 감소된 후로는 꾸준히 상승해 계속 높은 비율을 유지해왔다. 하지만 앞으로 이 상황이 바뀔 가능성을 보여주는 몇 가지 현상을 찾을 수 있다. 이를테면 미국과 일본에서 결혼 연령이 빨라지는 경향이 나타나고 있는데, 이를 '가족 회귀'의 한 가지 증거로 여기는 관점도 있다.°

또한, 미국에서 실시한 분석에서는 1980~1990년대에 구조 조정 열풍이 불어닥쳤을 때 부모가 레이오프Lay-off 기업이 경영 사정에 의해 인원을 감축할 때, 나중에 재고용하기로 약속하고 직원을 일시적으로 해고하는 일되는 모습을 목격했던 세대는 '회사는 언젠가 배신한다, 결국 의지할 것은 가족밖에 없다'는 생각에 가족을 소중하게 여기는 경향이 다른 세대보다 강하다는 사실이 통계로 밝혀졌다.

° 　다만 2010년에 미국의 조사기관 퓨리서치센터가 발표한 통계에 따르면 미국의 결혼율은 1978년 조사를 공개한'이후 최저치를 기록했다고 하므로 전반적인 추세는 역시 '가족 해체'에 있을지도 모른다.

둘째로 기대하는 요소는 **소셜 미디어**다. 낙천적이고 단순하다고 규탄받을지도 모르지만, 만약 회사나 가족의 불투명한 미래가 거스를 수 없는 흐름이라면 인류는 그에 따른 새로운 구조를 필요로 한다.

철학자 프리드리히 텐부르크는 사회 전체를 덮는 구조가 무너지면 그 아래 단계에 있는 구조 단위의 자립성이 커진다고 주장했다. 정말 그렇다면 회사나 가족이라는 구조의 해체에 대응해 역사의 필연적인 측면에서 새로운 사회의 유대를 형성하는 구조가 요구된다. 희망적인 관측이지만 어쩌면 소셜 미디어가 그 역할을 해줄지도 모른다.

셋째로 기대하고 싶은 것은 **종교**로, 이에 관해서는 어중간하게 쓰면 여러 오해를 불러일으키기 쉬우니 다음 기회로 미루고자 한다.

2

커리어 전략의
문제는 무엇일까

좋아하고 잘하는 일을
선택하라고들 하지만

지금까지 오랜 세월 동안 커리어론에서는 '좋아하는 일'과 '잘할 수 있는 일'이 겹치는 영역에서 직업을 찾으라는 조언을 수없이 해왔다.

미국 조직개발 이론의 대가 에드거 샤인은 직업을 선택할 때 다음 세 가지를 깊이 숙고해야 한다고 강조했다.

❶ 나는 무엇을 잘하는가?

❷ 나는 무엇을 하고 싶은가?

❸ 어떠한 활동에 사회적 의의가 있다고 여기는가?

또한 커리어론 전문가인 마이클 아서 교수도 에드거 샤인과 거의 같은 주장을 하며 세 가지 질문을 던졌다.

❶ 나만의 강점은 무엇인가?

❷ 내가 하고 싶은 일이 있다면, 왜 그것을 하고 싶은가?

❸ 나는 지금까지 누구와 어떤 관계를 맺고 있는가?

표현은 다르지만 두 사람 모두 '좋아하는 일'과 '잘하는

일'을 직업 선택의 중요 요소로 꼽고 있다는 점에서는 같다. 매우 설득력 있어 보여서 이 물음에 근거해 답을 내면 자신에게 꼭 맞는 일을 찾을 수 있을 것 같다. 나도 직업을 선택할 때 분명 이러한 관점을 의식했다. 하지만 굳이 말하자면 이러한 물음은 염두에 두는 정도로 그쳐야 하며 너무 진지하게 답을 내도 그리 큰 의미는 없지 않을까 하는 생각이 든다.

뭘 잘하는지
알 수 없다

이유는 단순하다. 대부분 직업을 선택할 때는 자신이 아직 경험하지 못한 일을 검토 대상에 넣어서 결정해야 하기 때문이다. 해본 적이 없는데 잘하는지 아닌지를 판단한다는 건 어려운 정도가 아니라 불가능하다.

이 점을 경영 전략의 구도에서 생각해보자. 경영 전략에서 기업이 사업 영역을 선정할 때는 **자사의 중핵적인 능력**과 **사업의 KSF**°에 중점을 둔다. 이는 자사의 능력을 활용할 수 있는 사업 영역에서 싸우고자 하는 사고이며 컨설팅에서 사업 전략을 책정할 때에도 이 두 가지 요소를 중심축으로 하여 접근한다.

직업 선택에 이 접근 방법을 적용해보면 '무엇을 잘하는가' 하는 물음을 중심축으로 직업을 선택하는 데는 **자신이 잘하는 영역에 대한 이해와 더불어 그 직업이 요하는 기술과 역**

°   Key Success Factor, 해당 사업에서 성공하기 위한 열쇠가 되는 요건을 뜻한다. 차별화하기 어려운 문방구업계에서는 상품과 가격보다 유통 판로의 점유 능력이, 그리고 개별 브랜드의 부침이 심한 패션업계에서는 브랜드의 포트폴리오와 규모가 KSF가 된다. 일반적으로 KSF는 환경 변화에 따라 달라지기 때문에 주의해야 한다. 가령 초기 단계의 컴퓨터 시장에서는 기술력이나 R&D가 KSF였지만 윈텔이 업계 표준이 된 후로는 비용과 재빠른 시장 도입 능력이 KSF가 되었다.

량에 대한 이해가 필요하다는 것을 알 수 있다. 이 두 가지 조건이 충족되어야 자신이 잘하는 영역을 활용할 수 있는 직업을 선택할 수 있는데, 정말로 이런 일이 가능할까?

우선 자신이 잘하는 영역에 대한 이해 측면에서 생각해보자. 확실히 자신이 무엇을 잘하는지를 깊이 성찰해보면 나름대로 답을 찾을 수 있을지 모른다. 실제로 취업 준비생들에게 그러한 조언을 해주는 사람도 많다. 하지만 그 '잘한다'는 수준이 정말로 사회에 나가서 우위성을 발휘할 만큼 가능성을 갖고 있는지는 아무도 모른다.

그렇다면 왜 많은 사람이 지금까지 인생 경험에서 얻은 희소 사례에서 자신이 잘하는 영역에 대한 스키마Schema사람이 각자의 지식과 경험에 따라 자신이 받아들이는 정보를 선택적으로 수용하게 하는 기제를 형성하는 위험한 접근법을 채택하는 것일까?

내 경험에 비추어볼 때 **가족의 영향이 컸다.** 내가 광고 회사 덴쓰를 선택한 데는 부모, 특히 어머니의 나에 대한 평가가 큰 영향을 미쳤다. "너는 감성이 풍부하고 창의적이니까 광고 회사나 방송국에서 일하면 좋을 것 같아." 어머니는 내가 어릴 때부터 줄곧 이렇게 말씀하셨기에 어느새 나 역시도 자신에

게 같은 평가를 내리고 광고 회사에 지원했던 것이다.

결과적으로 이 선택은 옳았기에 지금도 감사하고 있지만, 한편 돌이켜서 당시 어머니의 평가에 얼마나 객관성이 있었는지를 생각해보면 역시 불확실했다고 할 수 있다. 평가의 근거가 될 만한 비교 대상 수가 너무 적었기 때문이다.

부모가 나의 창의성을 높이 평가할 때 비교한 대상은 형제나 사촌, 아니면 부모님 친구나 지인의 자녀들이었는데 그림을 그리거나 악기를 연습한다는 면에서 확실히 그들보다는 내가 소질이 있었던 모양이다. 특히 심했던 사람은 남동생으로, 그는 샘플을 눈앞에 두고 그리는데도 도통 뭘 그린 건지 가늠조차 할 수 없는 수준이었다. 나의 부모는 그림을 좋아하는 나와 뭔가 기묘한 것을 그리는 남동생을 비교하고는 "슈는 그림을 잘 그려" 하며 나를 한껏 칭찬해주었기에 비교 대상 수의 문제를 빼면 그 판단은 나름대로 옳았다고 할 수 있다.

하지만 이런 상대적 우위성의 척도는 이를 직업으로 해야겠다고 생각한 순간부터 '나는 창의성이 있어' 하고 생각하는 사람들과의 비교에 이용된다. 그럴 때 정말로 해낼 수 있는지

아닌지는 사실 어느 정도 경험해봐야 알 수 있다. 해낼 수도 있고 해내지 못할 수도 있다. **모든 것은 해봐야 알 수 있다.**

경영은
과학이 아니다

이번에는 '직업이 요구하는 기술과 역량에 관한 이해'라는 관점에서 고찰해보자. 결론부터 말하자면 역시 이 점도 매우 어렵다. 직업이 요구하는 기술과 역량은 매우 복잡하고 명문화하기 어려워서, 경험하지 않는 단계에서 외형적으로 이해하기는 불가능하기 때문이다.

나의 생업인 매니지먼트 컨설팅이라는 직업을 고찰해보면 사람들은 일반적으로 로지컬 씽킹 능력이 무척 중요하다고 생각한다. 분명 로지컬 씽킹 능력이 필요한 건 맞지만 이는 필요조건 가운데 극히 일부에 지나지 않는다.

가장 중요한 자질은 적절한 상황에서 로지컬 씽킹을 버릴 줄 아는 능력이다. 컨설팅업계에서 활약하는 사람들은 이 균형 감각이 절묘하다. 경영은 과학이 아니다. 그러므로 모든 것을 기계적인 논리로 판단하려고 들면 어디선가 논리가 어그러지거나 극히 부자연스러운 해답, 혹은 너무 당연해서 맥 빠지는 대답을 내게 된다.

고객 기업이 처한 상황이라든지 상대방의 성격이나 비전을 파악한 뒤에 논리적으로 판단해야 하는 부분과 그렇지 않은 부분을 절묘하게 구분해서 창조적이고 영향력 있는 해답

을 낼 수 있는 사람이 진정 실력 있는 컨설턴트다.

현역 컨설턴트는 이러한 사실을 잘 알고 있어서 인재를 채용할 때도 '논리적으로 사고할 줄 아는 기본 바탕이 갖춰져 있고, 또 이를 구분해 사용할 줄 아는 감각이 있는가' 하는 점을 주의 깊게 판별하려고 한다. 하지만 이를 판단하기란 무척 어렵다. 결국은 실제로 일을 시켜보지 않으면 알 수 없다.

턱걸이 합격점
수준

좋은 의미에서의 '적당함'도 컨설턴트에게 필요한 핵심 요건 가운데 하나다. 비즈니스에서는 **시간이 매우 중요한 함수이므**로 100시간을 사용해 100점의 완벽한 답을 만들어내기보다, 상황에 따라서는 70점짜리 답을 30시간 만에 만드는 능력이 요구된다. 즉, 상황마다 '**턱걸이 합격점**'에 다다르는 수준의 성**과를 최대한 짧은 시간 내에 이뤄내는 능력이 필요하다.**

아슬아슬하게 합격점 안에 드는 수준을 판단하기는 쉽지 않다. **이 수준은 때와 장소에 따라 상당히 다르기 때문에 설명서처럼 획일화할 수도 없기** 때문에. 결국은 그때그때 상황에 맞는 적절한 수준의 정확도를 감각으로 판단할 수밖에 없는데, 이를 해낼 수 있는 사람과 하지 못하는 사람이 있다.

내가 컨설팅업계로 옮기고 처음에 놀란 것이 바로 이 점이었다. 광고 회사 일은 실수가 사회적인 영향으로 직결되기 때문에 연락 업무나 사무 작업에 매우 높은 정확도가 요구되었지만 컨설팅업계에서 똑같은 정확도를 목표로 하다가는 일이 전혀 진척되지 않는다. 처음에는 분석 업무에서도 어느 정도의 정확도가 필요한지를 잘 몰라서 굉장히 애를 먹었다.

깊이 생각해서 여기까지 썼는데, 한마디로 정리하면 **어떤**

직업이 요구하는 기술이나 역량을 외부에서 이해하기는 매우 어려우며 개인이 사회에 나와 발휘할 수 있는 강점과 능력은 결국 실제로 그 일을 하면서 여러 시행착오를 겪지 않고는 알 수 없다는 뜻이다.

전환기를 맞이한 사람이라면 자연히 '나는 어떤 일을 잘하는가?' 하는 물음을 직시할 수밖에 없다. 물론 하루 종일 방에 틀어박혀 고민에 고민을 거듭해봐야 뾰족한 해답은 나오지 않는다. 일단 운동량, 즉 유동성을 높여 실제로 다양하게 시도해봐야 한다.

> **인생을 발견하기 위해서는 인생을 낭비해야 한다.** 앤 모로 린드버그

좋아하는 일과
동경하는 일을 혼동하지 마라

그다음으로 생각해야 할 물음은 '나는 무엇을 하고 싶은가?'에 관해서다. 이 또한 에드거 샤인과 마이클 아서, 두 교수가 모두 강조했다. 하지만 이 물음도 주의하지 않으면 오히려 본인의 직업 경력을 잘못 이끌 수 있다. 어째서일까?

첫째, 때때로 사람은 '자신이 좋아하는 일'과 '자신이 동경하는 일'을 혼동하기 때문이다. 이를테면 자신은 문제에 대한 해결책을 궁리하길 좋아한다면서 경영컨설팅 회사로 이직을 희망하는 사람이 상당히 많지만, 이들에게 최근 생각하고 있는 문제를 예로 들고 어떠한 해결책이 적절한지 의견을 들려 달라고 하면 제대로 대답하지 못하는 경우가 허다하다.

이는 좋아하는 것과 동경하는 것을 혼동한 전형적인 사례다. 본인에게는 종이 한 장의 차이로 느껴질지 모르겠지만, 이 사람은 컨설팅 회사에서 문제를 해결하는 자신의 이미지를 동경하고 있을 뿐, 문제 해결이라는 행위 자체를 일상생활 속에서 좋아하는 것이 아니다. 컨설팅 회사의 직원이 되고 싶은 것뿐이지 컨설팅을 하고 싶은 게 아니라고 볼 수 있다.

정말로 문제 해결이라는 행위 자체를 좋아한다면 업무상 요청을 떠나서 자기 나름대로, 가령 사회적인 현상에 관해서

문제를 설정하고 스스로 해결책을 짜내기를 반복할 것이고 '문제는 과연 무엇인가? 어떻게 해결하면 좋을까?' 하고 질문을 던지면 밤새 이야기할 수 있을 정도로 이야깃거리를 많이 갖고 있을 터이다.

《웹 진화론ウェブ進化論》의 저자 우메다 모치오 씨는 책을 내기 훨씬 전부터, 특히 누가 부탁한 것도 아닌데 다양한 문제의식을 기획서나 리포트 형태로 정리해서 '인터넷으로 인해 세상이 얼마나 변화할 것인가' '당신의 회사에는 어떠한 영향력이 있는가' 하는 논점을 제기했다.

누가 요구하지 않아도 어떤 일을 깊이 생각해 방향성을 명확히 내세우고 다른 사람에게 말하지 않고는 배기지 못하는 사고방식이야말로 바로 우메다 씨가 발휘한 '좋아한다는 것'의 실체이며, 외국계 컨설팅 회사의 컨설턴트라는 직함은 그다음 문제다.

컨설턴트의 천성과 정신은 그런 것이며 어쨌든 문제를 해결하길 좋아하는 사람은 자신이 스스로 문제를 설정하고 해결한다. 컨설턴트가 되고 나서 그러한 행동 특성을 발휘하는 사람은 컨설턴트가 되기 전부터 일상에서 그 싹이라고 할 만

한 행동을 하고 있을 것이다. 만약 그러한 행동이 거의 관찰되지 않는다면 그 사람이 말하는 '좋아한다는 것'의 실상은 실체가 없는 단순한 '동경'에 지나지 않는다.

'무엇이 되고 싶은가'와
'무엇을 하고 싶은가'는 전혀 다르다

이 말을 조금 다른 각도에서 생각해보자. 직업을 선택할 때 고민하는 두 가지 물음, 즉 '나는 무엇이 되고 싶은가?'와 '나는 무엇을 하고 싶은가?'는 거의 같은 질문이라고 생각할지 모르지만, 사실은 완전히 다른 질문이다.

'나는 무엇이 되고 싶은가?' 하는 물음은 앞서 설명한 틀에서 말하자면 동경에 기반해서 직업을 선택하는 것이다. 하지만 이렇게 사고한 끝에 원하는 대로 동경하는 직업을 갖게 되었다 해도 그 일을 정말로 좋아하고 잘하는지는 알 수 없다. 아무래도 직종이나 회사명에 대한 동경이 우선되었기 때문이다.

반면에 후자의 질문인 '나는 무엇을 하고 싶은가?'라는 물음에 정말로 분명하게 답할 수 있다면 이는 직업을 선택하는 데 중요한 기준 축이 될 것이다. 세간의 평가에 현혹되지 않고 자신이 하고 싶고, 해서 즐거운 일을 추구하고 있기 때문이다.

서두에서 지적했듯이 어떤 직업의 연봉이 높은가, 어떤 직업을 가져야 인기가 많은가 하는 상황은 앞으로 맞이할 세상에서는 더더욱 변화할 것이다. 만약 세간의 평가에 영향을 받

아 어떤 직업을 동경하게 되었다면, 언제고 세상의 평가가 바뀌는 일이 벌어졌을 때 자신의 동경도 흐지부지 없어지고 만다. 그러한 일은 비극이라고밖에 할 수 없다.

하지만 또 하나의 물음인 '나는 무엇을 하고 싶은가?'라는 관점으로 선택한 직업은 세상의 평가가 어떻게 달라지든 별로 영향을 받지 않는다.

여러 번 강조하지만 '나는 무엇이 되고 싶은가?'와 '나는 무엇을 하고 싶은가?'라는 물음은 완전히 별개의 사고방식이다.

좋아하는 일이
잘하는 일이 된다

다시 한 번 강조하면 직업이나 직함이 아닌, 원래 그 일 자체를 좋아하는 경우 그 일을 잘하기 위해 오랫동안 지속적으로 노력할 수 있다. 장기적인 노력은 재능을 넘어서기 때문이다. 이 점에 관해 일본 장기의 대가인 하부 요시하루 씨가 '장기의 재능'에 대해 언급한 말을 인용해보겠다.

소질이란 정말 어려운 주제인데요. 아이들을 만나 장기를 둬보면 그 아이가 지닌 소질을 어느 정도 파악할 수 있어요. 몇 가지 수를 읽는다거나 발상이 풍부한 아이도 있고 말을 둬야 할 자리에 정확히 둔다거나 적극적으로 말을 움직이는 아이, 또는 단번에 보고 수를 선택하는 아이도 있지요. 아무튼 한 판 둬보면 단박에 그 아이의 소질을 알게 됩니다.
하지만 그렇게 소질이 풍부한 아이들이 자라면서 재능을 그대로 살리느냐 하면, 결코 그렇지가 않아요. (중략)
저는 '꾸준하고 착실하게 계속할 수 있느냐'가 가장 중요한 요소라고 생각해요. 그 꾸준한 자세가 재능이나 노력으로 이어지는 게 아닐까 하고요. 여러 가지 수를 기억한다거나 빨리 계산하는 능력도 중요하긴 하지만, 장기란 어쨌든 오

래 해나가야 하는 거라 10년, 20년 지나 보면 그런 건 별로 관계가 없더라고요.

결국 끈기 있게 계속하는 자세가 자질이나 재능보다 중요한 요소라고 생각합니다.°

하부 요시하루 씨는 재능이 오랜 노력을 당해내지 못한다고 말한 것이다. 특히 앞으로 우리는 20세 전후에 일을 시작해서 60세 전후에 은퇴하는 기존의 모델에서 벗어나, 상당히 오랜 기간을 일해야만 하는 시대를 살아가게 된다. 즉, 인생 자체가 단거리 경주에서 마라톤으로 바뀌어가고 있다.

이러한 세상에서 **직업을 선택할 때 '꾸준하게 노력을 계속할 수 있느냐 없느냐'** 하는 관점은 사실 가장 중요한 착안점이다. 그렇기에 '나는 무엇을 하고 싶은가? 무엇을 하면 즐거운가?' 하는 질문이 '나는 무엇이 되고 싶은가?' 하는 질문보다 훨씬 중요하다.

° 　노부하라 유키히로 《뇌과학은 무엇을 바꾸는가? 脳科学は何を変えるか?》

일의 즐거움은
일을 해보지 않고서는 알 수 없다

하지만 아직 해본 적이 없는 일을 선택할 때는 '나는 무엇을 하고 싶은가?' '나는 무엇을 좋아하는가?' 하는 물음에 고집스럽게 집착해 고민해본들 소용없다는 생각이 든다. 당연한 말이지만 그 직업 나름의 재미와 즐거움은 결국 그 일을 어느 정도까지 해보지 않고서는 알 수 없기 때문이다.

나 역시도 광고 회사의 영업이라는 일의 재미를 이해하기까지 거의 3년이 걸렸다. 애초에 내게 창의력이 있다고 생각해서, 아니 어쩌면 착각하고는 덴쓰에 입사했기 때문에 TV 광고 기획부에 발령이 날 것이라고 믿고 있었다. 그래서 영업부로 발령받았을 때는 낙담하기도 전에 상당히 당황했다.

덴쓰에서 영업직은 광고주에게 제공하는 커뮤니케이션 서비스를 전반적으로 총괄 지휘한다고 연수 때 배웠지만, 오케스트라에서 지휘자의 존재가 어떤 의미인지 초보자에게는 좀처럼 와닿지 않듯이, 실제로 어떤 직무인지 잘 몰랐기 때문에 어쩌면 당황한 게 당연했을지도 모른다.

업무가 시작되자 매일 방대한 양의 잡무를 처리하는 데만도 벅차서 영업이라는 일이 고객에게 어떠한 가치를 제공하는지 같은 건 생각해볼 여력도 없었다. 연이은 야근으로 체

력은 바닥으로 떨어졌고 의욕마저 거의 잃다시피 한 상태가 2년 정도 계속되었다. 그러다가 3년차에 접어들자 비교적 소규모인 광고주의 캠페인을 설계부터 실행까지 전부 맡아 하면서부터 영업이 꽤 재미있을지도 모르겠다는 생각이 서서히 들기 시작했다.

앞서 말했듯이 덴쓰에서 영업직은 마치 오케스트라를 이끄는 지휘자와도 같다. 회사가 사내외에서 갖고 있는 여러 자원을 효율적으로 조합해서 고객에게 다양한 서비스를 제공하는 중심적인 역할이다. 이 과정을 실제로 해나가면서 비로소 광고 영업이란 게 꽤 재미있다는 것을 느끼기 시작했다.

이 시점에서 나는 광고 카피를 쓰거나 광고 방송 계획을 짜는 일보다 고객의 과제를 찾아내 문제 해결책을 생각하는 일이 내가 더 좋아하고 내게 잘 맞는 일이라는 사실을 알게 되었다. 가장 중요한 계기는 고객 기업의 담당자가 무슨 일이 있을 때마다 "야마구치 씨에게 상의드릴 일이 있습니다" 하면서 나를 찾게 된 데 있다. 고객의 신뢰가 두터워지고 그로 인해 사내 경영진에게도 신뢰를 받는 선순환이 일어나면서 비로소 광고 회사 영업직의 깊은 매력을 알게 되었다.

나중에 생각해보니 이러한 전환은 상당히 의외였다. 솔직히 취직 전에는 이러한 업무나 그 업무의 제공 가치에 내가 관심을 갖게 되리라고는 상상도 하지 못했기 때문이다.

　　유도와 검도 등 '도道'라는 글자가 붙은 기술 체계가 전반적으로 그러하듯, 어느 정도 깊이를 지닌 일이나 행위도 일정 수준 이상으로 몰입해봐야 비로소 참맛을 알 수 있다. 실제로 일을 해봐야 자신이 어떤 때 성취감과 행복감을 얻는지 조금씩 알게 된다. 그러한 경험을 거친 뒤라면 더욱 성취감과 행복감을 느낄 수 있고 일의 순도純度를 높일 수 있는 이직을 지향할 수도 있지만 이러한 만족감은 적어도 2~3년 이상 경험을 쌓아야 얻을 수 있다.

　　예전에 나는 인내와 끈기의 중요성을 강조하는 '바위 위에 3년'차가운 돌도 3년만 앉아 있으면 따스해진다는 뜻의 일본 속담이라는 속담에 거부감을 느꼈었다. 보통 회사원이라면 능력을 발휘하며 왕성하게 일하는 시기는 기껏해야 20년 정도인데, 그 가운데서 귀중한 3년을 우선 눈앞의 일에 몰두해보라는 가치관에는 아무래도 기업이나 권력자 측의 속내가 담긴 듯해서, 원래 삐딱한 내게는 수상쩍게 여겨졌던 것이다.

그런데 이직을 여러 번 하는 동안에 그 **직업 나름의 즐거움은 역시 3년 정도는 지나야 알 수 있는** 거라고 생각이 바뀌었다. 표면적인 즐거움이나 멋진 모습에만 이끌려 이직했다가 생각했던 것과 달라서 또다시 이직하길 되풀이하다가는 **아무리 세월이 흘러도 정작 자신이 무엇을 좋아하는지 깨닫지 못할 수 있다.**

자아 찾기의
함정

'노래는 세상을 따르고 세상은 노래를 따른다'는 말이 있다. 노래는 세상의 흐름에 따라 변화하고 세상의 모습은 노래의 유행에 영향을 받는다는 의미다.

그렇다면 최근 유행하는 인기곡의 가사를 한번 살펴보자. 과연 그 안에서는 어떠한 세상이 모습을 드러낼까. 한 가지 분명한 추세로는 최근에 '자신다움'을 강조하는 노래가 많이 나왔다는 사실이다. 예를 들어 '나답게' '너답게' 같은 단어로 가사를 검색해보면 헤이세이시대(1989~2019년)에 들어선 후의 노래가 대부분이고 쇼와시대(1926~1989년)의 노래는 전혀 나오지 않는다.

게다가 '자신다움'이나 '나답게'라는 말이 직접적으로 들어 있지는 않지만, 일본 최고의 아이돌 그룹 SMAP가 불러 크게 히트한 노래 〈세상에 단 하나뿐인 꽃世界に一つだけの花〉처럼 가사 전체로 자신다움을 칭송하는 곡까지 포함하면 상당히 많은 노래가 자신다움이나 너다움을 소중히 여기자며 호소하고 있다.

노래는 세상을 따르고 세상은 노래를 따른다고 하였으니 이는 대체 어떤 '세상'인 걸까.

핑크 레이디의 가사 대부분을 쓰고, 또 〈스타 탄생!〉에서 실질적인 아이돌 프로듀서의 역할을 했던 쇼와시대의 대표 작사가 아쿠 유는 이렇게 지적했다.

헤이세이시대의 노래에는 당신과 나 이외의 세계는 없다. 서로 마주하고 있는 상대만을 보고 있어서인지 모르겠지만 노래 속에 전혀 경치가 없다. (중략) 그 결과 올해의 노래는 물론 작년, 재작년의 노래도 어디선가 들어본 듯 비슷한 노래를 부르고 있을 뿐이다.°

《어린 왕자》의 저자이자 비행기 조종사였던 생텍쥐페리는 "사랑한다는 건 서로 마주 보는 게 아니라 같은 곳을 함께 바라보는 것"이라고 말했는데, 아쿠 유는 일본의 곡들이 서로를 마주 보는 내용밖에 노래하지 않는다고 꼬집었던 것이다.

깊은 고민 없이 자신다움을 칭송하는 가요의 범람은 우리가 '과대한 자기애의 시대'를 살아가고 있음을 보여준다. 옛

°   《아쿠 유 신화 해체阿久悠神話解体》 미사키 데쓰 지음, 사이류샤, 2009년.

날의 전공투전학공투회의全学共鬪会議의 준말로 1960년대 후반에 국가 권력과 대립해 벌이던 일본의 학생 운동는 자신을 부정하라고 외친 데 반해 이들 노래는 자신을 긍정하라고 호소하며 그러기 위해서는 우선 내가 너를 인정하겠다고 말하고 있다.

《신약성서》에서는 예수 그리스도가 신의 이름하에 창부나 피부병 환자 등 당시 유대교 사회에서 배척되던 수많은 약자를 긍정했는데, 현대의 가수와 예술가는 소위 현대의 그리스도로서 많은 사람에게 **당신은 둘도 없이 소중하다, 당신은 인정받고 있다**고 외치고 있다.

'넘버 원Number One'과 '온리 원Only One'을 대비하는 구조로 생각할 경우, 최고를 지향하려면 지금의 자신을 부분적으로는 부정하면서 더욱 높은 목표를 향해 스스로를 다그쳐야 하는데, 오직 하나인 유일한 존재라면 그러한 자기 부정 과정을 거치지 않고 손쉽게 자기 만족을 할 수 있다는 차이가 있다. '오직 하나'라는 말은 경쟁의 서열에서 벗어난 개인이, 그래도 내재적으로는 가치를 갖고 있다고 시사하는 것처럼 보이지만, 실제로 이 세상에 하나밖에 없다는 말이 꼭 그 상태에서 가치를 갖고 있다는 것을 의미하지는 않는다.

발밑에 굴러다니는 돌멩이도 똑같은 모양은 세상에 하나도 없거늘 "세상에 둘도 없는 오직 하나입니다"라고 강조한다 해도 가치 판단을 하는 측에서는 "그래서 뭐 어쨌다고?" 하고 대답할 수밖에 없지 않는가.

이러한 표현 기법은 **순수한 사람들을 위로하는 일종의 속임수**밖에 되지 않는다. 이때 문제가 되는 것이 바로 '자아 찾기'다. 요즘 젊은이들은 자기애 과잉 시대를 살아왔기 때문에 조금이라도 자신답지 않다고 느껴지는 상황에 맞닥뜨리면 바로 그곳에서 도망치려는 경향이 있어서 염려스럽다. 자신이 오직 하나인 소중한 존재라고 아무리 SMAP가 긍정해준다 해도 실생활에서 타인이 긍정해주느냐 아니냐는 또 다른 문제이기 때문이다.

20~30대 전반에 **자신다움을 추구하고 자기 긍정 욕구가 높을수록 나중에 자기 부정을 할 수밖에 없는 상황으로 내몰릴 가능성이 높다.** 그렇다면 오히려 젊을 때 자유롭지 못하고 자신답지 않은 일에도 '어느 정도' 견뎌낼 수 있는 힘이 필요하지 않을까.

이상에 갇혀 있는 건
위험하다

백캐스팅 유형의 커리어 전략이 위험하다고 생각하는 또 다른 이유가 있다. 실현 불가능한 커리어 목표를 설정하면 **항상 현실의 자신과 목표하는 이상과의 격차에 고민하면서 현재 자신이 손에 넣은, 또는 얻고 있는 소소한 행복을 비롯한 모든 것을 부정할 가능성이 있기** 때문이다.

벨기에의 시인이자 극작가인 모리스 마테를링크가 쓴 희곡 〈파랑새〉에서는 틸틸과 미틸 남매가 행복의 상징인 파랑새를 찾아 추억의 나라와 미래의 나라로 떠난다. 결국 파랑새가 자신들과 가장 가까운 곳에 있는 새장 속에 있다는 사실을 마지막에 깨닫는데, 이를 커리어론의 문제로 인식하면 마지막까지 깨닫지 못하고 파랑새를 놓쳐버릴 위험이 있다.

직업 경력에 중심이 될 방향성을 설정하는 일은 물론 중요하다. 방향성이 없다면 어떠한 노력을 계속 쌓아가야 할지조차 생각하지 못할 것이다. 하지만 **명확한 목표 이미지를 설정하고 강박적으로 그에 사로잡혀 독주한다면 '행복한 인생을 걸어간다'는 목적에 시점을 맞출 경우 위험 요소 또한 내포하고 있다는 사실을 의식해야** 한다.

독일의 철학자 니체의 잠언, 그중에서도 매우 긍정적이고

공격적인 말이 최근 젊은 직장인들 사이에서 유행하고 있는 듯한데, 한 가지 주의할 점이 있다.

나는 애초에 니체의 잠언을 원래의 문맥에서 발췌해 읽어도 그다지 의미가 없다고 생각하지만, 그 점을 차치하고라도 **니체는 위험**하다는 사실을 지적하고 싶다. 단순히 말해서, 니체 자신이 '이런 모습이고 싶다' 하고 바라는 모습과 현실의 자기 모습 사이의 격차를 제대로 인지하지 못해 결국은 인격이 파탄 나버린, 검증된 광인이기 때문이다.°

니체는 더할 수 없이 비참한 인생을 살면서, 한편으로는 그만저만 행복하게 살고 있는 주변 사람들을 "너희의 인생은 돼지의 인생이야"라며 격렬하게 비판한 인물이다. 주위 사람들은 "웃기고 있네! 닥쳐, 연금 생활자가 할 소리는 아닌 것 같은데!" 하고 비웃었을 것이다. 이는 어찌됐든지 간에, 시대를 격렬하게 공격한 사람의, 독기가 넘치는 말을 응축해 담은 것이 바로 그의 저서이다. 그런데 이러한 배경을 모르고 그

° 대부분의 전문가는 니체의 광기가 매독에 의한 마비나 뇌종양 등의 질환에서 비롯되었다고 분석하지만, 프랑스의 철학자 조르주 바타유처럼 니체의 철학 자체가 그의 광기의 원인이라고 하는 설도 존재한다.

글에서 행복해질 실마리를 잡으려고 하는 것은, 부정하지는 않겠지만, 상당히 위태로운 접근법이 아닐까 싶다.

니체는 자신의 글을 읽는 사람에게 강인한 내성을 요구한다. 일명 '행복해지는 기술'을 니체에게서 배우기는 매우 어렵다. 오히려 반면교사로서 인식해야 할 것이다. 그리고 **반면교사로서 니체에게 배울 수 있는, '하지 말아야 할 것' 중 하나가 '이상적인 모습에 지나치게 강한 상념을 갖는' 일이다.**

현재의 자신과 이상적인 자신의 모습을 직선으로 연결하면 그곳에는 여유도 느슨함도 생겨나지 못한다. 하지만 다양한 만남이나 사건, 사고로 인해 우여곡절을 겪기도 하는 것이 인생이다. 과거의 자신과 과거에 자신이 그리던 목표를 연결하는 직선상에서 현재의 자신이 벗어나 있다면, 그 괴리를 한탄하고 그 직선 위로 자신을 되돌려놓으려는 노력을 해야 하는 걸까?

결국 각자의 판단에 맡겨야 하지만 이것이 한탄할 일은 아니라고 생각한다. 마음을 가라앉히고 지금 자신이 있는 곳에서 **주위를 둘러보면 그곳이 사랑스러운 사람과 물건으로 가득 차 있는 풍경일 수도 있지 않을까.** 어느 쪽으로 한 발을

내디딜지는 그때그때 생각하면 된다는 사고방식 또한 긍정되어야 한다. 그렇게 생각하면 조금 마음이 편해지지 않는가.

> **자신의 실력 이상으로 덕망 있게 보이려 하지 마라! 불가능해 보이는 일을 자신에게 요구하지 마라!** 프리드리히 니체 《차라투스트라는 이렇게 말했다》

선택한다는 것의
의미

잘하는 일이 무엇이고, 좋아하는 일이 또 무엇인지는 실제로 해보지 않고는 알 수 없다면 결국은 어떻게 선택해야 할까 하는 문제에 이른다. 그러면 여기서 한 가지 질문을 던져보겠다.

거북 씨는 대학을 졸업하고 회사에 입사했다가 이후 지인의 권유에 따라 여러 번 이직을 반복했다. 경력에 대한 명확한 목표나 특별한 신념은 없으며 지인에게 권유받을 때마다 '여기서 일을 하고 싶은가? 이 사람들과 함께 일을 하고 싶은가?' 하는 단순한 기준에서 생각하고 판단해 몇 번인가 이직을 경험했다.

반면에 아킬레스 씨는 대학을 졸업할 당시에 이미 거창한 목표를 세웠다. 그는 '외국계 금융 기관에 들어가 출세가도를 달리고 50세 전에 몇십 억을 저축해서 은퇴하겠다'는 목표를 세웠고, 그 목표에서 역산하여 모든 이직과 유학 등의 활동을 설계해 노력하고 있다.

이 두 사람 가운데 진정한 의미에서 스스로 인생을 선택하고 있는 사람은 누구일까?

얼핏 보면 명확한 경력 목표를 설정한 뒤 그 목표를 향해 끊임없이 노력하는 아킬레스 씨야말로 스스로 인생을 선택

하고 있는 것처럼 느껴진다. 반면에 거북 씨의 선택에는 아무래도 주체성이 결여되어 있고 그저 되는대로 결정하는 것처럼 보인다. 하지만 정말로 그럴까?

만약 아킬레스 씨가 투자은행에서 척척 활약하고, 10억 단위의 돈을 모아서 은퇴하고 싶다는 목표가 사회적 통념상 전형적인 성공자의 이미지에서 생겨났다면, 그의 경력은 오히려 자발적인 것이 아니라 외부 환경에 지배된 것이다. 즉 자신이 선택하지 않은 것이라고 할 수 있다.

반면에 거북 씨는 경력에 대한 명확한 목표 이미지도 없고 이 분야에서 스스로를 단련하겠다는 지향점도 없지만 이직 기회를 얻을 때마다 자신이 어떤 점을 중시해서 직업과 직장을 선택할지에 관해서 스스로 중요하다고 여기는 고유의 가치관을 근거로 선택을 반복하고 있다. 그러한 의미에서 거북 씨의 직업 선택은 사회적 통념에서 해방되어 이루어졌으며 오히려 아킬레스 씨와 비교할 때 스스로 선택했다고 할 수 있다.

이 사고에 관한 실험에서 위험한 사람은 오히려 아킬레스 씨다. 외부적 통념에 의해 움직이기 때문에 막상 자신이 세운

목표에 다가갔을 때 '줄곧 실현하고자 했던 나 자신의 모습은 정말 이것이었을까?' 하는 상태, 말하자면 번아웃 증후군에 빠질 가능성이 있다.

자신이 무언가 의사결정을 하려고 할 때 그 선택이 정말로 자발적인 동기에서 비롯되었는지 아닌지를 한 번 더 생각해보는 것도 이직을 검토할 때 꼭 필요한 태도다.

> **속도를 올리기만 하는 것이 인생은 아니다.** 마하트마 간디

여덟 가지
커리어 앵커

이렇게 생각을 따라가다 보면 커리어를 형성하는 데는 '무엇을 해야 하는가?' 하는 물음을 뒤집어 '무엇을 양보할 수 없는가?'를 명확히 하는 것이 효과적일지 모른다는 사고방식이 도출된다. 그런 생각을 한 이가 에드거 샤인이다. 그는 양보할 수 없는 점을 '커리어 앵커Career Anchor'라는 개념으로 정리했다.

커리어 앵커는 자신의 직업을 선택할 때 가장 중요하게 여기는, 혹은 절대로 희생하고 싶지 않은 가치관이나 욕구°를 가리킨다. 개인을 배에, 인생을 항해에 비유할 때 배가 해류에 떠내려가는 것을 막아주는 닻, 즉 앵커와 같은 역할을 맡아주고 인생에서 자신다움을 지키기 위해 도저히 양보할 수 없는 가치관이나 욕구라고 생각하면 이해하기 쉽다.

에드거 샤인은 커리어 앵커에 관해 "자신의 앵커를 제대로 알지 못하면 보수나 직함 등 외부 자극 요인의 유혹을 받게 되어, 나중에 후회와 불만투성이의 취직과 이직을 감행하게 될 것이다"라고 지적했다.

에드거 샤인은 자신이 교편을 잡았던 매사추세츠 공과대

° 《커리어 앵커》 에드거 H. 샤인 지음, 가나이 도시히로 옮김, 하쿠토쇼보, 2003년.

학 슬론경영대학원에서 졸업생을 대상으로 커리어 형성에 관한 추적 조사를 실시했는데, 응답자가 의사결정을 하는 데 근거로 삼은 가치관과 행동에 몇 가지 유형이 명백히 드러난 데서 이 개념을 생각해냈다.

그는 수백 명의 비즈니스 관계자에게 인터뷰를 실시하고 최종적으로 여덟 가지의 커리어 앵커를 특정했다.

❶ 전문·직능별 역량
어떤 전문 영역이나 직능별 영역에서 자신의 재능을 최대한으로 활용하고 전문가로서 능력을 발휘하는 데 만족과 기쁨을 느끼는 유형이다. 자신의 전문 영역에서 도전할 수 있는 일을 찾았을 때 특히 큰 행복감을 느낀다. 자신의 전문 영역 안에서는 타인의 관리를 꺼리지는 않지만, 경영 간부가 되면 자신의 전문 능력을 발휘할 일이 줄어들기 때문에 상대적으로 경영 간부로 승진하는 데는 관심이 적다.

❷ 전반적인 관리 역량
조직의 상위 계층으로 올라가 경영자가 되는 것에 가치를

두고 만족감을 느끼는 유형으로, 소위 출세지향적인 사람이다. 현시점에서 전문적이고 직능적인 일을 맡고 있다면 기업 경영에 요구되는 전반적인 능력을 획득하는 데 필요한 경험이라고 이해는 하면서도 근본적으로는 제너럴리스트로서 경영 관리에 관여하고 싶은 욕구를 강하게 품고 있다.

❸ 자율·독립
어떤 일이든 자신의 방법과 속도를 지켜 일을 진행하는 것을 중요하게 여기는 유형이다. 이 유형은 집단행동을 위해 일정한 규율이 요구되는 기업 조직에 속하기를 싫어하고 자신의 재량으로 유연하게 일할 수 있는 길을 선택하는 경향이 강하다. 또한 독립하지 않는다 해도 컨설팅이나 교육, 연구직 등 비교적 행동이 자유로운 직종에 잘 맞는다.

❹ 보장·안정
인생의 안정성을 최우선으로 꼽는 유형이다. 이 앵커에서는 특히 경제적인 보장과 고용 보장에 대한 관심이 두드러진다. 안정을 원하기 때문에 직무에서 종신고용이 어떠한 형태로

약속된다면, 고용주 측이 바라는 업무 조건을 수용하는 경향이 강하다. 물론 대부분의 사람이 기본적으로 안정된 직업과 보수를 추구하게 마련이지만 이 유형에 해당하는 사람은 이 점을 최우선으로 한다는 특징을 가지고 있다.

❺ 창업가다운 창조성

위험을 무릅쓰고 회사나 사업을 일으키는 데 행복과 만족을 느끼는 유형이다. 구체적으로는 발명가나 예술가, 창업가를 목표로 하는 사람들이 이에 해당한다. 조직에 고용된 상황에서도 항상 미래의 창업 가능성을 추구하고 마침내는 독립해 창업하는 길을 선택한다. '자율·독립' 유형인 사람과 다른 점으로 사업이나 작품 등 무언가 새로운 일을 만들어내는 창조성 발휘에 가치를 두는 성향을 꼽을 수 있다.

❻ 봉사·사회 공헌

환경 문제나 빈곤 문제를 해소한다거나 민족 간의 조화를 추진하는 등 어떠한 형태로든 더욱 살기 좋은 세상을 만드는 데서 가치를 찾는 유형이다. 최근 주목받고 있는 사회적

기업가와 같이 사회 문제를 영리사업을 통해 해결하는 것을 목적으로 하는 사람들을 일컫는다. 이들에게 중요한 가치는 사회 공헌이며, 사업을 일으키는 일은 사회 공헌을 위한 수단에 지나지 않는다.

❼ 순수한 도전
겉으로 봐서는 해결하지 못할 것 같은 장애나 문제를 해결하는 일, 또는 강한 상대를 이겨내는 일을 끊임없이 추구하는 유형이다. 항상 구태여 고난을 찾기에, 특정한 직업이나 전문성에 집착하지 않는다. 도전 자체를 인생의 과제로 삼고 있다고 할 수 있다. 도산 위기에 처한 회사의 재건에만 관심을 갖는 턴어라운드 매니저Turnaround Manager경영 파탄에 빠진 기업을 재생시키기 위해 경영자로 등용되는 인재나 불가능하다고 알려진 가설을 실현하는 데 열정을 불태우는 엔지니어 등이 이 커리어 앵커의 전형적인 예다.

❽ 생활 양식
개인으로서의 욕구나 가정에서의 소망 또는 업무상 요청,

즉 공적인 업무 시간과 사적인 개인 시간을 모두 소중히 하고 양쪽의 적절한 균형을 중요하게 여기는 유형이다. 결코 일을 소홀히 하지 않고 양쪽의 통합을 추구하며 상황에 따라서는 직업 경력을 희생하기도 한다. 이를테면 승진으로 간주되는 이동 발령이라도 가족에게 부담을 주는 전근이라면 고사하기도 하는 것이다. 자신의 정체성은 전문성이나 소속되어 있는 회사에 있지 않고 인생 전체를 어떻게 살아가는가 하는 데 있다고 생각하는 성향이 강하다.

자신의 커리어 앵커를 알고 싶은 사람은 하쿠토쇼보에서 출간한《커리어 앵커Career Anchors and Career Survival》를 참고하길 권한다. 혼자서도 간편하게 테스트할 수 있는 질문표와 설문 용지가 들어 있으므로, 손쉽게 자신의 커리어 앵커를 알고 싶은 사람에게 유용하다.

앞서 소개한 여덟 가지 유형의 커리어 앵커를 살펴보면 자신이 어디에 해당하는지를 알 수 있다. 하지만 실제로 점수를 내보면 의외라고 느껴지는 점도 분명히 드러날 것이다.

내 경우에는 '전문·직능별 역량'의 커리어 앵커가 가장 강하게 나온 것은 예상한 대로였으나 '자율·독립'의 커리어 앵커가 근소한 차이로 두 번째를 차지한 결과를 보고 조직의 규칙이 개인에 우선하는 권위주의적인 분위기나 전체주의적 조직은 내 적성에 맞지 않는다는 사실을 새삼 재확인할 수 있었다. 엄격하고 딱딱한 분위기인 데다 조직의 규율이 개인보다 우선하는 조직에 속해 있던 시절에는 매일 무척이나 강한 거부감을 느끼면서 일했기 때문이다. 결국 그 직장은 도저히 나와 맞지 않아서 그만두고 말았지만, 미리 내 커리어 앵커를 깊이 이해했다면 피할 수 있었을지도 모른다.

가면을
계속 쓴다면

커리어 앵커란 자신이라는 자연광을 분해하면 어떤 스펙트럼
이 가장 강하게 나오는지를 보기 위한 프리즘과 같다. 한마디
로 인격Personality을 알기 위한 도구다. 직업을 선택할 때 자
신의 인격을 알아두어야 하는 중요한 이유는 **직업이 '일의 행
복'에 깊이 관련을 맺기** 때문이다. 자신의 인격이나 개성과 맞
지 않는 직업을 선택했다고 해서 꼭 그 영역에서 높은 성과를
내지 못하거나 활약할 수 없는 것은 아니다. 결국 성공 여부는
노력에 달려 있다.

사실은 혼자서 꾸준히 일하길 좋아하는 인격을 지닌 사람
이라도 노력하기에 따라 팀워크를 살려 이끌어가는 매니지
먼트를 얼마든지 능숙하게 해낼 수 있다.

가끔 직장과 사생활에서 놀랄 만큼 인격이 달라지는 사람
이 있다. 이런 사람들은(그 잘잘못은 별개로 하고) 자신의 인격과
는 전혀 다른 직업을 선택해 일하고 있는 것이다. 인격의 간
극은 그 일에 어느 정도의 노력을 필요로 하느냐 하는 점에
영향을 미칠 뿐이다.

하지만 막상 본인의 행복도 측면에서 생각하면, **이를 노력
으로 메우는 데는 상당한 어려움이 따를** 것이다. 극단적인 논

리일지 모르지만, 나는 인격과 직업이 크게 어긋난 경우 아무리 대단한 실적을 올린다 해도 사실은 행복하지 않을 거라고 생각한다.

이를테면 매우 의리 있고 모든 일을 빈틈없이 처리해야만 직성이 풀리는 사람이 있다고 하자. 대충 적당히 넘어가지 않는 신념과 자세는 물론 훌륭한 긍지이지만, 이런 성격을 지닌 사람이 광고 회사에 들어간다면 상당히 어려운 상황에 부딪힐 거라고 쉽게 상상할 수 있다. 반면에 항상 이상을 꿈꾸며 마치 뜬구름을 잡는 듯한 이야기를 하는 사람이 엄격한 규율과 규칙, 그리고 현실이 전부인 직장에 들어간다면 이 또한 상당히 고생하지 않겠는가.

결과적으로 직업과 일의 성격상 자신의 본성과는 철저히 다른 인격으로 오랜 세월 동안 생활한다면 종국에는 본래의 자신을 잃을 수도 있다.

가면과
얼굴

카를 구스타프 융은 인격 가운데 외부 세계와 접촉하는 부분을 페르소나라는 개념으로 설명했다.

페르소나는 원래 고전극에서 배우가 사용하는 **가면**을 뜻한다. 융은 "페르소나는 한 사람의 인간이 어떠한 모습을 밖으로 드러내는가에 관한, 개인과 사회적 집합체 사이에서 맺어지는 일종의 타협"이라고 정의했다. 즉, 자신의 실제 모습을 보호하기 위해 외부를 향해 만들어낸 가면이라는 뜻인데, 사실상 타협 범위가 그다지 명확하게 의식되지 않아 항상 **어디까지가 가면이고 어디까지가 얼굴인가** 하는 물음이 따라다닌다.

팬터마임을 예술 영역까지 끌어올려 침묵의 시인으로 불린 배우 겸 연출가 마르셀 마르소의 퍼포먼스 중에는 자신이 쓰고 있는 가면이 벗겨지지 않아 애를 먹는 피에로의 이야기가 나온다. 마르셀 마르소의 연기 자체가 박진감 넘치기도 하지만, 쓰고 있는 가면이 벗겨지지 않는다는 이야기에는 우리의 등줄기를 서늘하게 하는 본질적인 무언가가 감춰져 있다는 것을 느낄 수 있다.

또한 이탈리아의 유명한 작곡가 레온카발로의 오페라 〈팔

리아치Pagliacci〉는 이탈리아에서 실제로 일어난 사건을 소재로 한 가극인데, 극 중의 극에서 주인공은 극과 현실을 구별하지 못해 아내를 죽이고 만다. 이는 마르셀 마르소의 퍼포먼스와는 반대로, 본래 가면을 쓰고 지내야 하는데도 자신도 모르게 그만 얼굴을 노출시키고 만 상황이 얼마나 위험한지를 보여주고 있다.

우리가 '가면과 진실의 경계가 모호해진다'는 모티프에 끌리는 이유는 **자신의 정체성이나 인격이 실제로는 매우 취약하며 외부 환경에 따라 왜곡되기도 하고 감추려고 한 무의식이 표출될 염려가 있다는** 사실을 스스로 인식하고 있기 때문이다.

정체성의
위기

나 역시도 한동안 소속된 조직의 분위기에 맞추느라 내 본래 성격과는 다른 가면을 쓰고 지내던 시절이 있었다. 나중에 돌이켜보니 역시나 그다지 행복하지 못한 시간이었다. 나와 가깝게 지내는 사람들은 내가 매우 중립적이고 계층이나 계급을 싫어하며 합리적인 개인주의자로 근성론과 감정론에 치우친 전체주의를 혐오한다는 사실을 잘 알고 있다.

그러한 나도 계층 의식이 매우 강하고 권위주의적인 행동 양식을 요구하는 회사에서 근무한 적이 있다. 근성론과 전체주의가 합리성에 선행되는 분위기 속에서 일하는 동안은 조직의 영향을 받지 않고 계속 나답게 행동하기가 무척이나 어려웠다.

무서운 것은 '자신답지 않은' 말과 행동을 하면서도 자신은 전혀 깨닫지 못한다는 사실이다. 20대 후반 무렵 본가를 찾아갔을 때 내가 거래처 담당자와 통화하는 소리를 들은 어머니가 "전혀 너 같지 않다"며 놀란 적이 있다. 그렇게 나 자신이 변했다는 사실 자체에 나도 충격을 받았다. 지금에 와서 돌이켜보면 그 당시 내가 말투나 사고도 그렇고, 본래 나의 모습과 상당히 다른 가면을 무리해서 쓰고 있었다는 걸 알지

만 그때는 어머니에게 지적받기 전까지 전혀 깨닫지 못하고 있었다.

　여기에 큰 딜레마가 있다. 인격은 '일의 행복'을 붙잡는 데는 상당히 중요한 요소이지만 취약하고 유연하기 때문에 **사회적인 요청을 받아들여 표면적으로 적응할 수 있다. 하지만 인격과 맞지 않는 조직에 속하거나 그러한 일에 종사한다면 겉보기에는 잘 적응하며 사는 것 같아도 진정한 '일의 행복'은 얻을 수 없을 것이다.**

　마침내는 영영 가면이 벗겨지지 않게 된 피에로처럼 자신의 인격과 사회적으로 연기하고 있는 인격을 구분하지 못해 소위 **정체성 위기**Identity Crisis에 빠지고 마는 건 아닐까.

3

좋은 우연을
불러들이려면

커리어는 좋은 우연에 의해
형성된다

존 크럼볼츠가 실증 연구를 토대로 성공자의 커리어 중 80퍼센트가 우연에 의해 이루어졌다는 사실을 밝혀냈다는 이야기를 앞에서 했는데, 이 이론에 관해 조금 깊이 들어가 보려고 한다.

크럼볼츠는 원래 커리어 카운슬링에 관련한 학습 이론을 연구하다가 이 콘셉트를 생각해냈다고 한다. 그는 지금까지의 연구에서 커리어 카운슬링의 목표는 '현재 고객이 갖고 있는 관심, 가치, 능력에 꼭 맞는 직업을 찾아주는 것이 아니라 계속 변화하는 직업 환경 속에서 만족한 인생을 만들어나갈 수 있는 능력, 관심, 신념, 가치, 직업 습관, 개인 특성에 관한 학습을 촉진하는 일'이라고 강조한다.

또한 종래의 커리어 카운슬링에서는 직업을 결정하지 못하는 상황을 문제 행동으로 거론했지만, **학습 이론적 입장에서 보면 미결정 상태는 새로운 학습을 촉진하는 계기가 될 수 있다**고 한다. 게다가 특성론과 유형론처럼 개인의 특성과 직업 특성의 일치를 지나치게 중시하는 사고관은, 같은 직업에서도 다양한 특성을 지닌 사람이 성공할 수 있다는 사실과 직업이 요구하는 특성 자체도 변화를 거듭한다는 사실을 간

과하고 있다고 비판했다.

쉽게 말해서 크럼볼츠 교수는 커리어 개발이 직업 요건과 인재 요건을 서로 맞추는 정적인 일이 아니라, 변화로 가득 찬 역동적인 일이라는 사고를 펼쳤다.

계획된 우연 이론은 이러한 논고를 배경으로 탄생했다. 크 럼볼츠에 의하면 우리의 커리어는 용의주도하게 계획할 수 있는 것이 아니라 예기치 않은 우발적인 일에 의해 결정된다.

크럼볼츠가 지적한
다섯 가지 핵심 요건

커리어 형성으로 연결되는 좋은 우연을 불러일으키려면 어떠한 요건이 필요할까. 우선 '계획된 우연 이론'의 제창자인 크럼볼츠가 강조한 다섯 가지 요건을 살펴보자.

❶ 호기심
자신의 전문 분야뿐만 아니라 다양한 분야로 시야를 넓혀 관심을 가지면 커리어 기회가 늘어난다. 좋은 우연을 실제로 커리어의 계기로 연결시키려면 다양한 우연을 불러일으키기 위한 씨 뿌리기와 더불어, 자신에게 다가온 좋은 우연에 반응할 수 있어야 한다. 이 두 가지 면에서 호기심은 매우 중요한 역할을 한다. 씨를 뿌리려면 다양한 사람들과의 만남, 일에의 몰입, 그리고 다양한 주제에 대한 호기심이 필요하며, 또한 좋은 우연에 반응하려면 미지의 세계를 긍정적이고 신선하게 받아들이는 마음이 있어야 하기 때문이다. **우연 이론을 실천하는 데는 호기심이 가장 중요한 요소다.**

❷ 끈기
처음에는 잘되지 않아도 끈기 있게 계속하면 우연한 기회나

만남이 생겨 새로운 전개가 펼쳐질 가능성이 높아진다. 새로운 일을 시작할 때 처음에는 좀처럼 잘되지 않는다. 특히 이직을 하거나 직업을 바꿀 때는 항상 머릿속에서 예전 직장 또는 직업과 비교하게 되고 '이렇게 고생할 거였으면 예전 일이 더 나았어' 하는 마음에 새로운 일을 포기하는 전형적인 유형의 함정이 항상 따라다닌다. 이때 끈기가 필요하다. '둔감력'이라고 바꿔 말해도 좋다. 새로운 일에 도전했다가 금세 포기하는 사람은 굉장히 자존심이 높고 책임감이 강하다는 특징을 가지고 있다. 이런 사람들은 일을 척척 잘해나가지 못하는 자신, 뚜렷한 성과를 내지 못하는 자신을 스스로 용납하지 못한다. 정도의 차이가 문제이기는 하지만, 새로운 일에 도전해 원하는 성과를 얻으려면 그 나름대로의 시간과 반복이 필요하다고 마음을 다져먹고 허용되는 범위 내에서 끝까지 해보자. 그래도 안 된다면 그때 다시 생각해보자는, 때로는 적당한 사고도 필요하다.

❸ 유연성
상황은 항상 변화한다. 한번 결정한 일이라도 상황에 따라

유연하게 대처해야 기회를 꽉 붙잡을 수 있다. 사실 30대 이후 직업을 바꿀 때 가장 장애가 되는 요소는 바로 **유연성**이다. 사회인이 되어 10년 넘게 경험을 쌓아왔다는 생각과 자부심이 방해를 하기 때문에 새로운 커리어를 개척하는 데 진취적으로 매진하기가 어렵다. 모 기업에서 공장 관리직을 재무 담당으로 전환하기 위한 강좌를 열었을 때 하루 종일 팔짱을 낀 채로 천장만 바라보던 사람이 있었다고 한다. 이처럼 융통성 없고 고집스러운 사람에게는 좋은 우연이 좀처럼 찾아들지 않을 것이다.

❹ 낙관성

내키지 않는 이동 발령이나 역경도 자신이 성장하는 기회가 될 수 있다고 긍정적으로 인식하면 커리어를 넓힐 수 있다. 여기서 말하는 낙관성은 성격이 아니라 상황 판단에 대한 사고방식을 뜻한다. 성격은 좀처럼 바꾸기 어렵지만 어떤 상황이 벌어졌을 때 그 상황이 자신에게 미치는 긍정적인 측면을 생각하는 일은 누구나 가능하다. 디자인 디렉터인 가와사키 가즈오 씨는 교통사고로 목숨을 잃을 뻔한 중

상을 입고 재활 치료를 위해 고향으로 돌아갔을 때, 일본의 전통적인 풍경과 문물의 아름다움에 마음을 빼앗겼다. 그래서 느긋하게 시간을 낼 수 있는 재활 기간 동안 일본 문화의 진수를 자신의 디자인으로 녹여내기 위해 철저히 공부했다고 한다. 이는 분명 **최악의 상황에서도 오히려 마음을 열고 새로운 커리어의 지평을 개척할 수 있다는 것**을 보여주는 좋은 사례다.

❺ 위험 감수

미지의 일에 도전할 때는 실패와 역경이 따라오는 것이 당연하다. 적극적으로 위험에 맞서면 기회를 얻을 수 있다. 좁은 테두리 안에 갇혀 같은 일만 반복하면 커리어를 형성하는 능력이 점점 쇠퇴한다. 갈라파고스섬에서 특이한 진화를 겪은 생물은 그 환경에는 최적화되겠지만 다양한 환경 변화에는 꽤 취약한 종이 된다. 그렇다고 완전히 낯선 영역에 저돌적으로 달려들기를 반복한다 해도 종은 절멸할 것이다. 중요한 것은 **일정한 범위 내에서 계산된 위험을 감수하며 적극적으로 도전하는 일이다.**

존 크럼볼츠는 자신의 연구를 토대로, 좋은 우연을 잘 만나는 사람들이 공통적으로 가지고 있는 다섯 가지 핵심 요소를 강조했다. 이들 요소를 둘러싼 더욱 실천적인 실례를 알고 싶은 사람은 그의 저서 《굿럭: 행운은 왜 나만 비켜 가냐고 묻는 당신에게》를 읽어보길 바란다. 이 다섯 가지 특성이 일상생활과 직장, 또는 이직 활동에서 어떻게 구체적인 행동과 사고방식으로 드러나는지를 아는 데 상당히 도움이 될 만한 책이다.

좋은 우연의
구조

이번에는 좋은 우연을 불러일으키기 위한 구조를 조금 더 자세히 고찰해보자. 어떻게 '좋은 우연을 통해 커리어 형성을 도모할 것인가' 하는 논점은 다음 두 가지로 나눌 수 있다.

❶ 어떻게 좋은 우연을 일으킬까?
❷ 좋은 우연을 어떻게 커리어로 연결시킬까?

안타수는 타수와 타율의 곱셈이다. 이와 마찬가지로 좋은 우연을 활용해서 커리어를 형성하려면 단순히 기회를 늘리기만 해서는 의미가 없으며 그 기회를 제대로 된 결과로 만들어내야 한다. 이러한 구조를 통해 앞서 소개한 크럼볼츠의 비책을 다시 한 번 살펴보면 그가 강조한 중점 요소는 전반적으로 **기회를 확대하는 데 초점이 맞춰져 있다**는 사실을 알수 있다.

계획된 우연 이론에 근거해 커리어를 형성하기 위해서는 **기회를 늘리기만 할 게 아니라 그 기회를 단단히 거머쥘 수 있는 능력을 길러야 한다.**

프랑스 미생물학자인 루이스 파스퇴르가 언급한 대로 **행**

운은 준비가 된 사람에게만 찾아오므로 모처럼 찾아온 좋은 우연을 놓치지 않기 위한 준비가 필요하다는 뜻이다. 이들 두 가지 요건을 실현하는 데는 무엇이 필요할까?

두 가지 논점을 좀 더 분해해보면 ❶은 '인맥력'과 '신용력'의 곱셈으로, ❷는 '프로세싱 스킬processing skill'과 '스톡 스킬stock skill'의 곱셈으로 각각 나누어 생각할 수 있다.

좋은 우연으로서의
인맥

좋은 우연을 불러들이는 데 중요한 것은 **넓은 인맥과 깊은 신뢰의 곱셈이다. 덧셈이 아니라 곱셈**이라는 점에 주목하자. 만약 당신이 넓은 인맥을 갖고 있다고 해도 상대에게 신뢰받지 못한다면 좋은 우연을 불러들이기 어렵다. 반대로 두터운 신망을 얻고 있어도 나를 신망하는 사람의 수가 극도로 적다면 (그건 그것대로 훌륭한 일이긴 하지만) 역시 좋은 우연을 일으키기 힘들다. 따라서 중요한 것은 인맥과 신용을 동시에 기르는 일이다. 그렇다면 어떻게 실현해야 할까?

크럼볼츠는 **경력의 전환 기회로 이어지는 인연이 친척이나 친구 같은 가까운 관계가 아니라 오히려 그 정도로 친하지 않은 사람에게서 비롯되는 경우가 많다**고 밝혔다. 이 이야기를 처음 듣는 사람은 뜻밖이라고 의아해할지도 모르지만 사회과학 분야에서는 거의 같은 주장이 예부터 나와 있다. 미국에서도 오래전부터 취업과 관련해 **약한 유대 관계**Weak Ties 가 중요하다고 알려져 있다.

약한 유대 관계라는 개념은 미국의 사회학자 마크 그라노베터가 1973년에 발표한 논문 〈약한 유대 관계의 힘〉을 계기로 널리 확산되었다. 가족이나 친척, 친구로 대표되는 **강한**

유대 관계strong ties에서 얻을 수 있는 정보는, 이 관계로 이어져 있는 사람들의 범위가 한정되어 있기 때문에 이미 자신도 알고 있는 정보와 별반 다르지 않다. 즉 마음을 열어놓는 가족이나 친구하고만 교류를 하면 얻을 수 있는 정보가 한정된다는 뜻이다.

반면에 약한 유대 관계로 이어져 있는 사람은 자신이 모르는 업계나 친하지 않은 사람들과 접촉하고 있기 때문에 새로운 정보를 얻을 가능성이 높다. 그라노베터의 연구에서는 강한 유대 관계를 통해 정보를 찾은 사람들보다 약한 유대관계에서 얻은 정보를 이용한 사람들 쪽이 결과적으로 좋은 취직자리를 찾아냈다는 분석 결과가 나와 있다.

크럼볼츠도 그라노베터도, 한마디로 말해서 **경력의 전환 기회는 그다지 친하지 않은 사람이 가져다준다**는 사실을 연구 결과에 근거해 주장하고 있다.

그러면 인맥을 넓히기 위해서는 오로지 '친하지 않은 지인'을 늘려야 하는 걸까?

물론 타수를 늘리는 일은 다소 효과가 있을지 모르지만 나는 그렇게 불도저로 밀고 들어가는 듯한 접근법은 효율이 낮

다고 본다. 다른 업종과의 교류 모임에 적극적으로 참여해서 그저 명함을 열심히 모으는 사람이 있는데, 그런 사람이 좋은 우연을 계기로 커리어를 형성했다는 말은 별로 듣지 못했다.

중요한 요소는 '깊은 신뢰'라는 축이다. 아무리 지인을 늘린다 해도 신뢰가 없으면 좋은 우연을 불러올 수 없다. 열쇠는 '친구 미만, 지인 이상'인 제2계층의 인맥이다.

인맥의
3단계

나는 인맥을 세 영역으로 나눠서 생각하고자 한다.

제1계층은 친구 존이다. 1년에 몇 번씩 함께 밥을 먹거나 노는 사이, 때로는 여행도 가는 정말로 친한 관계를 가리킨다. 잘하는 것과 못하는 것, 성격과 성장환경을 포함해 그 사람의 어두운 부분까지도 잘 이해하고 있는 사람들이다.

제2계층은 동료 존이다. 이 영역에 있는 사람들은 당신의 모든 인격을 깊이 이해하고 있지는 않지만 당신이 어떻게 일하는지, 또는 일에 몰두하는 자세나 신념에 관해서는 잘 알고 있다.

마지막 **제3계층이 지인 존이다.** 이 사람들은 당신이 어느 회사에 소속되어 있는지, 기혼인지 미혼인지 같은 표면적인 정보는 알고 있지만 그 이상의 정보는 갖고 있지 않다.

이렇게 계층을 나누어 생각할 경우, **가장 중요한 인맥은 제2계층**이다. 이 영역에 있는 사람들은 당신이 무엇을 할 수 있는지, 어떠한 마음과 자세로 일하는지를 잘 알기 때문에 **신용을 쌓거나 일 관계로 인연을 맺기가 쉽다.**

반면 마크 그라노베터가 지적한 대로 친구 존은 취미나 사고가 비슷해서 자신에게 생각지도 못한 인연을 가져다주기 힘들기도 하고 애초에 인원 수가 매우 적다.

불량
인맥

문제는 제3계층의 지인 존이다. 이 계층은 아무리 넓혀도 일에서의 좋은 인연으로 이어지는 경우가 별로 없다.

내게도 그런 시기가 있었다. 인맥을 확대하려고 다른 업종에서 일하는 사람들과의 교류회와 공부 모임에 참석하면서 지인을 늘려봤지만 결국은 아무 일도 일어나지 않는 경우가 많았다. 그 이유를 몇 가지로 생각할 수 있다.

첫째로, 이 영역에 속하는 지인들은 당신이 어떠한 태도로 일하는지, 어떤 일을 할 수 있는지, 또는 문제가 발생했을 때 어떻게 대처하는지 모른다. 즉 당신의 일에 대한 신념이나 태도를 전혀 알지 못하기 때문에 신용 관계가 형성되어 있지 않다는 점을 꼽을 수 있다. 어떤 신념과 자세로 일하는지를 전혀 모르는 사람에게는 스스로 사람을 찾든 타인에게 소개하든 위험 부담이 있으니 제안을 할 수가 없다.

헤드헌터가 경영 간부 이상의 인재를 찾아 소개할 때 조금이라도 마음에 걸리는 것이 있는 사람에 관해서는 반드시 과거에 그 사람과 일을 함께한 동료를 접촉해서 평가의 다면성과 정보의 정확도를 확보한다. 이는 개인 면담에서는 좀처럼 파악할 수 없는 **신용의 깊이를 측정**하는 일이다.

제3계층의 인맥이 좀처럼 좋은 인연으로 이어지지 않는 또 하나의 이유는 **호혜성**互惠性**의 결여**에 있다. 호혜성은 서로 이익을 나눠 갖는 관계성, 즉 상부상조하는 관계성을 뜻한다. 업무관계나 인간관계를 지속적으로 이어가려면 반드시 호혜성을 유지해야 한다.

타업종 교류회에서 알게 된 지인의 네트워크를 호혜성이라는 관점에서 생각해보면 '우선 어느 쪽이 먼저 이익을 제공할까?' 하는 문제가 나온다. 호혜성은 서로 이익을 주고받는 상황이다. 어느 한쪽이 먼저 이익을 제공하지 않는 이상 호혜성의 관계가 생기지 않는데, 이것이 꽤 어렵다.° **상대에게 투자한 이익에 대한 대가가 돌아올지 여부를 알 수 없기** 때문이다. 처음부터 위험을 감수하려 드는 사람은 없기 때문에 결국

°   진화생물학이나 동물행동학에서는 어떤 개체가 나중의 대가를 기대하고 행하는 이타적 행동을 '호혜적 이타주의'라는 개념으로 정리한다. 개체의 이득을 떠나 다른 개체를 돕는 행동은 수많은 생물에서 관찰된다. 관계하는 개체 사이에 부모 자식 등의 혈연관계가 있으면 그 행동은 혈연선택설에 의해 설명할 수 있지만 그렇지 않은 경우에는 '호혜적 이타주의'의 메커니즘이 작용할 가능성이 있다. 다만 동물이나 곤충의 이타적 행동은 판단하기가 어렵다. 이를테면 예로부터 쇠똥구리 두 마리가 함께 커다란 쇠똥을 굴리는 거라고 알려져왔는데 파브르는 그 설을 단순히 관찰의 오류(한 마리의 똥을 다른 한 마리가 빼앗으려 하고 있을 뿐)라고 일축했다.

은 귀중한 시간을 투자해 **인맥의 불량 자산을 만들** 뿐이다.

이렇듯 제1계층의 친구는 인원 수가 적고 거리가 너무 가깝다. 반면에 제3계층의 단순한 지인은 상대의 일하는 모습을 모르니 위험해서 함부로 권할 수 없다. 그러므로 우연 이론에 의한 좋은 우연을 끌어당기는 데는 제2계층의 인맥이 매우 중요하다는 사실을 알 수 있다.

> **지금까지처럼 '오로지 이 길 하나'라는 사고방식은 위험 부담이 너무 크다. 다양한 가능성을 만들자. 여러 가지 씨를 뿌려두는 것이 중요하다.** 모리나가 다쿠로

현재의 일과
현재의 인맥을 소중히

일에 관한 인연 맺기에 관련해서, 인맥 피라미드에서 가장 중요한 제2계층의 인맥을 소중히 하면 폭넓은 인맥과 두터운 신뢰를 쌓을 수 있다고 설명했다. 다시 말해, 일에 관련해 좋은 인연을 불러들이려면 결국은 **소소하고 평범한 일상을 진실하게 살아가는** 자세로 이어진다.

지금 당신 주변에서 당신이 일하고 있는 모습을 보고 있는 사람들이 있다. 분명 이 사람들이 미래에 인맥 피라미드의 제2계층을 구성할 사람들이다. 그리고 **이 사람들과 당신이 매일 하고 있는 일이 차근차근 쌓여, 일명 직업 경력의 대차대조표가 만들어진다. 이때 행동이 건전하면 우량한 자산으로, 건전하지 못하다면 불량 자산으로 축적된다.**

젊은이들이 광고업계나 컨설팅업계로의 이직에 관한 고민을 털어놓을 때마다 나는 늘 이렇게 조언한다. "지금 눈앞에 놓인 일에 성실하게 몰두해보세요. 지금 함께 일하는 사람들을 진실하게 대하는 겁니다. 광고 회사에 들어갈지 말지는 차치하고, 우선 그렇게 하면 당신의 인생은 분명히 좋은 방향으로 향할 거예요."

새로운 업계, 새로운 회사를 목표로 하고 있으니 지금 하

고 있는 일이나 지금 함께 있는 사람은 아무래도 상관없다는 사고방식은 단단히 잘못되었다. 이러한 사고를 갖고 있으면 장기적으로는 오히려 경력을 망치게 된다. **지금, 우선 할 수 있는 일을 하루하루 열심히 하는 것이 가장 중요**하다.

인도 콜카타의 슬럼에서 자선 활동에 생애를 바친 마더 테레사는 1979년에 노벨평화상을 수상했을 때 "세계 평화를 위해서 우리는 무엇을 할 수 있을까요?" 하고 질문한 기자에게 "집으로 돌아가 가족을 사랑해주세요" 하고 대답했다.

구태여 설명하는 것도 촌스럽지만, 거창한 일만 잔뜩 계획하고는 불가능하다고 한숨을 내쉴 게 아니라 우선 '지금' '여기'에서 할 수 있는 일부터 시작하라는 뜻이다. **가족을 사랑할 줄 알아야 세계 평화에도 공헌할 수 있다**는 것이 마더 테레사가 우리에게 남긴 메시지다.

커리어도 마찬가지가 아닐까. 우연 이론에 따라 커리어를 형성하고 싶다면 우선 눈앞에 놓인 일을 성실하게 해내고 지금 주위에 있는 사람을 진실하게 대하며 자신답게 행동하기를 전제로 삼자.

흔들리지 않는
원칙

무역청 장관을 지낸 시라스 지로 씨는 "일본인에게는 원칙 principle이 없다"고 개탄하기도 했는데 '깊은 신뢰'를 더욱 깊게 하려면 그 사람 나름의 중심축, 바로 이 **원칙이 중요**하다 할 수 있다. 원칙은 **자신 나름의 행동 규범**이며 조금 멋있게 말하자면 **긍지**다.

신뢰를 형성하는 것이 중요하다고 언급하면 대부분 "그러려면 일에서 큰 성과를 내야 하지 않을까요?" 하고 묻는다. 신용을 형성하는 데 반드시 훌륭한 성과나 결과가 필요하다고는 생각하지 않는다. 적어도 나는 **훌륭한 성과를 축적해왔다는 사실보다 인간으로서 흔들림 없는 미의식과 규범을 갖추고 있는지를 중요하게 여긴다.**

가령 내게는 '상대에 따라 태도를 바꾸지 않는다'는 신념이 하나의 규범이다. 회사의 상하 관계나 거래 관계, 연령, 성별, 국적 같은 사회적인 '입장'에 따라 태도를 달리하지 않는다.

누구에게든 잘못된 일은 잘못되었다고 말하고 누가 의견을 내도, 설사 어린이라 할지라도 선입견으로 부정하지 않고 귀를 기울인다. 그리고 그 의견에 존중할 만한 점이 있으면 솔직히 인정한다. 나보다 나이가 많든 적든 상관없이 누구에

게나 똑같이 존경하는 마음을 지니고 대화를 나눈다.

오늘날처럼 이렇게 변화가 격심한 시대에는 입장이나 힘 관계도 언제 어떻게 달라질지 모르기 때문이다. 입장이나 위치 관계가 바뀔 때마다 대화 방법을 바꿀 수도 있겠지만 나는 그런 번거로운 과정을 겪기보다는 처음부터 누구에게나 똑같이, 있는 그대로의 내 모습으로 대하기로 했다. 입장이나 관계가 조금만 바뀌어도 대하는 태도가 달라지는 사람을 신용하지 않을뿐더러 내 주위 사람들도 그러한 사람을 신뢰하지 않을 거라 확신하기 때문이다.

그런 관점에서 생각하면 미국과 같이 상하 관계에 있는 사람끼리도 서로 이름으로 부르고 말투도 바뀌지 않는(실제로는 다소 변화가 있지만) 커뮤니케이션 유형은 유동성이 높은 사회에 아주 적합하다. 반면 상하 관계에 따라 말투가 크게 다른 일본에서는 특히 윗사람과 아랫사람을 대할 때 변화가 심한 커뮤니케이션 기법을 행하던 사람일수록 입장에 따른 힘 관계의 변화에 당황할지도 모른다.

연공서열이 무너지고 있는 오늘날, 많은 기업에서 상하 관계의 역전 현상이 문제로 부각되고 있다. 부하의 직위에 있던

사람이 임원으로 발탁되어 옛 상사를 부하로 두게 되는 경우 두 사람의 관계가 껄끄러워지기 쉽다. **상사와 부하의 커뮤니케이션 유형을 거꾸로 바꿔야 하기 때문이다.** 물론 일본에서 일하는 이상, 연령이나 직위의 상하 관계를 완전히 무시하고 중립적인 커뮤니케이션을 추구하기는 어렵다. 그러나 한편으로는 왜 지금까지 연령이나 직위에 따라 커뮤니케이션 유형이 달라져야 했을까 하고 의문을 품는 사람 또한 많을 것이다.

이렇게 **연령과 직위에 따라 차별적으로 커뮤니케이션을 행하면 제2계층에서 얻을 수 있는 기회는 점점 줄어들 것이다.** 결국 제2계층 인맥의 문제는 누구와 함께 일하고 싶은가, 누구라면 안심하고 소개할 수 있는가 하는 점이므로 **자신이 '문제없다'고 판단하는 인물상을 떠올리고 스스로 그 인물에게 다가가는 수밖에 없다.**

결론은 건전하고 긍정적인 세계관을 가지고 하루하루를 소중히 여기며 살아가자는 의미다. 매일 무심코 반복하는 업무와 일상생활 속에서 주위 사람들과 얼마나 건강한 관계를 유지하느냐가 좋은 우연을 만드는 토양의 질을 결정한다.

좋은 인연은
좋은 사람에게

좋은 인연을 끌어당기기 위한 방법을 길게 설명했는데, 마지막으로 **결국 좋은 인연은 좋은 사람에게 모인다**는 사실을 다시 한 번 강조하고 싶다.

물론 세상에는 교활하거나 근성이 나쁜 사람도 있다. 이들은 권력자에게 아첨하며 경력을 쌓아가는 것처럼 보이겠지만 이런 약삭빠른 처세술은 앞으로의 시대에는 더 이상 통하지 않을 것이다. 미래에 좋은 인연을 가져다줄 행운의 인물이 **누구일지는 그때가 되어보지 않고서는 알 수 없는** 세상이 되기 때문이다. 이렇게 속 보이는 처세술에서는 지금 좋은 인연을 가져다줄 것 같은 사람에게 바짝 달라붙는 것이 기본 전략이므로 타깃을 좁히지 않으면 움직일 수 없다. **좋은 인연을 불러들이려면 누구에게나 겉과 속이 똑같고 자연스러운 '좋은 사람'으로 있어야 결국 기대 효과가 높다**는 의미다.

이렇게 쓰면 "무슨 말인지는 잘 알지만 줄곧 좋은 사람으로 있으려면 심신이 지치고 손해도 보지 않나요?" 하는 질문이 들리는 것 같다. 정직한 사람이 바보 취급당하지 않느냐는 지적이다. 확실히 성실한 마음가짐을 중요하게 여기며 살다가 영악한 사람에게 추월당하거나 배신당한 경험이 있는 사

람은 이 제언에 저항감을 느낄지도 모른다. 하지만 의외로 들릴지는 모르겠으나 '좋은 사람으로 살아간다'는 전략은 적어도 게임 이론에서는 매우 강력한 전략으로 알려져 있다.

'죄수의 딜레마Prisoner's Dilemma'라는 말이 있다. 1950년 프린스턴대학교의 수학자 앨버트 터커 교수가 강의 때 사용한 일종의 사고 실험이다.

2인조 은행 강도가 경찰에 체포돼 각자 다른 방에서 취조를 받았다. 검찰관은 두 용의자를 압박한다. "만약 두 사람 모두 묵비권을 행사한다면 증거불충분으로 형기는 1년, 두 사람 모두 자백하면 5년이 된다. 하지만 만약 상대가 묵비권을 행사하고 당신이 자백하면 수사 협조를 인정해 당신은 무죄 석방이 되고 상대의 형기는 10년이 된다."

이때 두 죄수는 이렇게 생각할 것이다.

'먼저 상대가 묵비권을 행사한다고 가정할 경우, 내가 자백하면 무죄 석방이고 묵비권을 행사하면 형기는 1년이므로 이때는 자백하는 편이 좋다. 반면에 상대가 자백한다고 가정할 때 나도 자백하면 형기는 5년이지만 내가 묵비권을 행사하면 형기는 10년이 되므로 이 경우도 역시 자백하는 편이

좋다. 즉, 상대가 자백을 하든 묵비를 하든 나는 언제나 자백하는 것이 합리적이다.'

결국 두 죄수는 모두 자백하고 각각 5년형을 선고받았다. 이득을 최대화하기 위한 합리적인 전략을 채택한다고 해서 반드시 참가자 전체의 이득이 최대화되는 것은 아니라는 논리다. 이를 전문 용어로 '논제로섬 게임Nonzero-sum Game'이라고 한다.

반복된
죄수의 딜레마

죄수의 딜레마는 단 한 번의 의사결정으로 참가자의 이득이 결정되는 게임인데, 실제 인간 사회는 그 정도로 단순하지 않아서 **협조냐 배신이냐의 선택을 몇 번이나 반복하게** 된다. 몇 번이나 반복한다는 측면을 반영해 사회에서 인간의 의사결정에 더 깊은 시사점을 던져주는 것이 바로 **반복적 죄수의 딜레마** 게임이다.

이 게임에서는 참가자가 각각 '협조'와 '배신'의 카드를 갖고 있다가 신호가 울리면 동시에 상대에게 한 장의 카드를 보여준다. 두 사람 모두 배신을 선택하면 둘 다 1만 엔의 상금을 받고 두 사람 모두 협조하면 둘 다 3만 엔을 상금으로 받는다. 만약 한 명이 배신하고 다른 한 명이 협조하면 배신한 사람은 5만 엔의 상금을 받게 되지만 협조한 사람은 한 푼도 받지 못한다. 그렇다면 어떤 선택을 해야 가장 많은 상금을 받을 수 있을까?

이 단순한 게임은 믿을 수 없을 정도로 엄청난 논쟁을 불러일으켰고, 마침내 미시간대학교의 정치학자 로버트 액셀로드 교수가 컴퓨터끼리 반복적 죄수의 딜레마 게임을 경쟁시켜 어떤 프로그램이 가장 높은 이득을 얻는지 지켜보았다.

이 경쟁에서는 정치학, 경제학, 심리학, 사회학 등 다양한 분야의 전문가 열네 명이 각자 심혈을 기울여 만든 컴퓨터 프로그램을 가지고 참가했다. 여기에 액설로드가 만든, 무작위로 협조와 배신을 출력하는 랜덤 프로그램을 추가해 총 열다섯 개의 프로그램이 리그전을 펼쳤다. 실제로 죄수의 딜레마 게임을 한 시합당 200회씩, 총 다섯 번의 시합을 실시해 평균 점수를 비교했다.

결과를 본 관계자들은 깜짝 놀랐다. 응모된 프로그램 중에서 단 3행으로 만들어진 가장 단순한 프로그램이 우승을 차지했기 때문이다. 이는 토론토대학교의 심리학자 아나톨 래퍼포트 교수가 작성한 것으로, 맨 먼저 '협조'를 내고 두 번째는 바로 전에 상대가 냈던 것을 똑같이 낸 다음 이 순서대로 계속 반복하는 상당히 단순한 프로그램이었다.

이 실험에 대해서 선정 프로세스와 결과의 합리성을 두고 다양한 비판이 있었지만 그 이야기는 일단 보류하고 액설로드가 내세운 이 프로그램의 강점을 설명하겠다. 무척 흥미로운 이야기다.

첫째, 이 프로그램은 결코 자신이 먼저 배신하지 않는다.

우선 협조하고 상대가 협조하는 한 협조를 계속하는 '좋은 녀석' 전략을 구사한다.

둘째, **상대가 배신하면 그 자리에서 자신도 배신으로 돌아선다.** 계속 협조하다가 상대가 배신해서 손실이 커질 경우 당장 상대에게 페널티를 준다. 좋은 녀석이지만 상대가 싸움을 걸어오면 되받아친다.

셋째, 배신했던 **상대가 다시 협조 상태로 돌아오면 이쪽도 협조로 돌아서는** 포용력을 갖고 있다. 이미 끝난 일은 잊어버리고 미래를 위해 협력하는 깔끔한 전략이다.

마지막으로 이 프로그램은 상대측에서 보면 '내가 배신하지 않는 한 이 녀석은 좋은 사람이지만, 내가 배신하면 상대도 바로 배신한다'는 사실이 분명한 만큼 단순해서 **파악하고 예측하기 수월하다는** 특징이 있다.

이렇게 강점의 핵심을 살펴보면 '뭐야! 이건 완전 미국식 사고방식이잖아?' 하고 생각할지도 모른다. 그건 그렇다고 치고, 이 단순한 전략은 무척 견고해서 그로부터 몇 년 후에 개최된 제2회 콘테스트에서 통계 해석으로 계산하는 고도의 프로그램을 비롯한 훨씬 많은 경쟁 상대와 맞붙어 다시 한

번 우승을 차지했다. 그 결과, 래퍼포트가 고안한 프로그램은 매우 광범위한 분야에서 유효한 전략으로 인정받았다.

사람들이 타인에게 갖고 있는 기본 인식은 무척 다양하다. 이를테면 '사람을 보면 도둑이라고 생각하라'는 격언도 인류가 지닌 지성의 결정으로 여기는 사람이 있을지 모른다. 하지만 우선 협조하고 상대에게 배신당하지 않는 한 계속 협조하는 프로그램이 반복적 죄수의 딜레마 게임에서는 최강의 전략이라는 사실은 우리에게 많은 생각을 하게 한다.

액설로드 교수는 이러한 연구 내용을 저서《협력의 진화》에 정리하여 실었다. 게임 이론을 실생활에 활용할 수 있는 방법을 설명하면서 **이 협조 전략은 서로의 관계가 오래 지속될 거라고 믿는 경우에는 효과가 크지만 그렇지 않은 경우에는 반드시 유효하지만은 않다**는 점에 관해서도 언급하고 있으므로 관심 있다면 읽어보길 권한다.

좋은 우연을
어떻게 인식할까

이번에는 두 번째 논점인 '좋은 우연을 어떻게 커리어로 연결할까?'에 관해 생각해보자. 자신을 찾아온 좋은 우연을 직업으로 연결하려면 기회가 찾아온 바로 그 순간에 그 일을 맡아 실력을 발휘할 수 있는 상태가 되어 있어야 한다.

계획된 우연 이론에 따르면, 어떤 기회가 올지는 그때가 되지 않고는 알 수 없기 때문에 **입시 공부처럼 '경향과 대책'에 기초한 접근 방법은 효과를 내지 못한다.** 어떤 사냥감이 어디서 나타날지 모르는 고대의 사냥꾼이 그러했듯이 미리 **기초적인 전투력을 높여두는 수밖에 없다.**

이 기초적인 전투력을 '프로세싱processing'과 '스톡stock'으로 나누어 생각해보자. 프로세싱은 **입력된 정보를 일정한 형태로 처리해서 출력하는 능력을,** 스톡은 자신의 **내면에 축적된 부가 가치의 원천이 되는 지식과 노하우를** 의미한다. 전형적으로는 로지컬 씽킹이 프로세싱에 해당하며 **경영 사례 연구에 관한 지식은 스톡에 해당한다.**

이 두 가지 전투 기술은 커리어라는 선로를 거침없이 달려가기 위한 양 바퀴라고 할 수 있어 한쪽으로 치우치지 않고 균형을 잘 맞추는 것이 무척 중요하다. 이렇게 강조하는 이유

는, 이 두 가지를 균형 있게 잘 갖춘 사람이 매우 적기 때문이다. 특히 최근에는 프로세싱 스킬에만 이상하리만치 치중되어 있는 경향이 있다.

비논리적 사고의
권유

나는 경영대학원에서 오랫동안 강의를 해오고 있는데 최근 학생들 가운데 로지컬 씽킹이나 크리티컬 씽킹Critical Thinking, 페르미 추정Fermi Estimate조사하기 어려워 파악하기 힘든 수치를 알고 있는 지식을 토대로 논리적으로 추론해 단시간에 어림 판정하는 방법 등 프로세싱 스킬만을 마니아처럼 훈련하는 사람이 있는 데 놀랐다. 비즈니스에 관심이 있다기보다는 오히려 비즈니스를 주제로 한 퍼즐을 푸는 데 흥미를 느끼는 부류로, 이러한 능력을 아무리 단련한다 해도 비즈니스에서 그 사람다운 성과를 창출해내지는 못한다고 인식하는 편이 좋다.

이유는 단순하다. 로지컬 씽킹과 같은 프로세싱 스킬은 본래 정답을 찾아내기 위한 기술이므로 이를 아무리 단련해도 **진정한 의미의 차별화로는 연결되지 않기** 때문이다.

전자계산기를 비교할 때 옳은 계산 결과를 낸다는 능력이 비교의 핵심 요건이 되지 않듯이 같은 정보를 입력해서 같은 정보 처리의 프로세스를 거치면 같은 답을 얻을 수 있는 것은 당연한 이치다. 여기에 큰 모순이 있다. 본래 경쟁은 차별화를 추구하므로 **타인과 같은 답을 내는 능력을 아무리 단련해봐야 경쟁 우위에 서지 못한다**는 점이다.

컨설턴트에게 정말로 필요한 적성은 '필요할 때 로지컬 씽 킹을 버릴 줄 아는 능력'이라고 언급했는데, 이번에도 마찬가 지다. **평범하게 연역해나가면 같은 답에 이르게 되는 논리 연 쇄 과정 중 어딘가에서 의문을 제기하여 자신만이 생각할 수 있는 다른 해답을 이끌어내야 한다.** 이는 무도武道에서 먼저 흐름을 주도해 균형 상태를 깨듯이 의도적으로 파탄 요소를 내포시켜서 차별화하는 것이다.

우리는 사칙연산의 능력 정도는 있어야 세상을 살아가는 데 편리하다는 것을 알고 있지만, 그 능력이 있다고 해서 반 드시 행복해지는 건 아니라는 사실 또한 잘 알고 있다. 로지 컬 씽킹을 비롯한 프로세싱 스킬은 극단적으로 말하면 비즈 니스업계의 사칙연산 같은 것이다. 이러한 기술을 갖추고 있 으면 세상이라는 극장의 무대에서 관객석이 잘 보일지 모르 지만 무대 위에서 어떠한 역할을 훌륭히 연기해낼 수 있는지 는 별개의 문제인 것이다.

구체적으로 말해서, 컨설팅을 전문으로 하는 직업을 목표 로 하는 게 아니라면, 로지컬 씽킹의 정석으로 알려진 서적 서너 권을 읽고 개요를 이해해두는 정도면 충분하다. 추천

하고 싶은 도서로는 데루야 하나코와 오카다 게이코 공저인 《로지컬 씽킹》, 바바라 민토의 《논리의 기술》, 사이토 요시노리의 《맥킨지식 사고와 기술》을 꼽을 수 있다.

나는 비즈니스 스쿨을 거치지 않고 컨설팅업계에 들어왔기 때문에 단기간에 문제 해결 능력을 높여야겠다고 마음먹고 1년여 동안 200여 권의 책을 가리지 않고 읽었다. 특히 로지컬 씽킹 기술을 책에서 배운다는 점만 생각하면 앞서 추천한 대표적인 도서 세 권만 읽어도 중요한 핵심 사항은 거의 파악할 수 있다. 물론 그밖에도 두루 배울 수 있는 책은 있지만 그건 필요할 때마다 찾아 읽으면 된다.

어쨌든 중요한 것은 로지컬 씽킹 능력을 단련하는 것만으로는 새로운 가치를 생성해낼 수 없다고 인식하되, 최소한의 로지컬 씽킹 능력을 갖추어두는 일이다.

> 아, 바보인가요. 바보에도 여러 부류가 있는데 약삭빠른 녀석은 그 가운데서도 그다지 좋지 않은 부류지요. 토마스 만 《마의 산》

영어
능력

프로세싱 스킬 중에서 가장 중요성이 높은 항목이 영어 커뮤니케이션 능력이다. 영어에 관련해서는 나도 무척 고생했기에 조언할 입장은 아니지만, 목표 점수로는 최소한 토익 730점, 가능하면 860점 정도를 따면 좋다. 토익 실시 주최 측의 정의에 따르면 730점은 어떤 상황에서도 적절한 대화를 나눌 수 있는 정도이며 860점은 원어민이 아닌 자로서 충분한 커뮤니케이션이 가능한 수준이라고 한다.

국내 기업에 근무하고 있고 외국계 회사로 이직할 계획도 없으니 그 정도 수준의 실력은 필요 없다고 생각하는 사람도 있을지 모른다. 하지만 앞으로 엔화 약세 현상이 벌어져 외국 자본에 의한 매수가 다시 진행될 경우 본인의 의사와 상관없이 자신이 속한 비즈니스 환경이 영어가 필요한 상황으로 단번에 바뀔 수도 있다.

앞서 언급했듯이 딱히 그럴 계획이 없다고 해도 자신도 모르는 사이에 '지뢰밭'이 될 가능성이 있는 이상 **패시브 세이프티로서 영어 능력을 갖춰두는 것이 좋다.**

그런 상황이 되면 정도의 문제가 대두되겠지만, 730점이라는 점수는 영어가 필요한 상황에 직면했을 때 영어로 어떻

게든 업무를 수행할 수 있는 최소한의 수준이다. 이를 뒤집어 생각하면, 그러한 변화의 시기가 닥쳤을 때 최소한 이 정도 영어 실력이 없으면 그에 따른 운명을 감수할 수밖에 없다.

앞서 소개한 다카하시 슌스케 교수의 《커리어 쇼크》에는 닛산자동차가 프랑스 르노자동차에 매수되었을 때 영어 실력이 부족하다는 이유만으로 그때까지 출세 가도를 달리던 많은 사람이 한직으로 밀려난 가혹한 사례가 소개되어 있다. 영어 능력이 부족하다는 한 가지 이유만으로 우수한 인재가 좌천당하는 처사는 본인에게도 회사에게도 안타까운 일이기는 하지만 앞으로는 어느 회사에서나 일어날 수 있는 일이다. 더구나 최근에는 외국 자본이 섞이지 않은 순수 일본 기업에서도 영어를 사내 공용어로 삼는 추세가 두드러진다. 일본 기업에서 영어를 사내 공용어로 설정하는 이유는 단순히 글로벌화를 목표로 하기 때문이다.

실제로 글로벌화가 진행되면 다른 국가의 기업들과 출장이나 파견으로 오가는 일이 생기고 다양한 국가 사람들이 다양한 지역에서 비즈니스 커뮤니케이션을 행하게 된다. 그런데 이때 **사내 공용어가 일본어라면 상당히 효율이 저하되는**

데다 그 점이 장애 요소가 되어 사업을 활발히 추진하지 못할 가능성이 있다. 따라서 글로벌화해서 경쟁에 이길 목표를 세웠다면, 정도의 문제는 있겠지만 영어를 사내 공용어로 해야만 하는 이유가 생기는 것이다.

글로벌화 진행에 관해서는 미국의 경제학자 조지프 스티글리츠와 같이 상당히 부정적인 의견을 주장하는 사람도 있고 일본 내에는 사내 공용어를 영어로 지정하는 데 강력하게 반대하는 논자도 있지만° 사업을 운영하는 입장에 놓인 사람에게는 그 시비를 논의할 시기는 이미 오래전에 지났다. 현실적으로 '지금 거기에 있는 좋은 기회'이므로 이 상황에 어떻게 마주할지를 생각하는 수밖에 없다.

° 예를 들면, 마이크로소프트 일본 법인 사장을 역임한 나루케 마코토 씨는 저서에서 "일본인의 90퍼센트에게는 영어가 필요 없다"고 주장했다. 확실히 결과론적으로는 그러하지만, 이 주장에는 앞서 언급한 '패시브 세이프티'의 관점이 결여되어 있다. 가령 자동차 사고를 당했을 때 에어백의 도움을 받은 사람은 1퍼센트 이하라고 하는데, 그렇다고 해서 '99퍼센트의 사람에게 에어백은 필요 없다'고 한다면 많은 사람이 강한 거부감을 느낄 것이다. 패시브 세이프티라는 관점을 고려하지 않으면 에어백도 소화기도 생명 보험도 전부 '필요 없는' 것이다.

지식을 쌓기 위한
독서

사람마다 자신다운 성과를 끊임없이 만들어내기 위해서는 프로세싱 스킬만이 아니라 **스톡**, 즉 자신의 내면에 지식과 노하우를 축적할 필요가 있다. 프로세싱 스킬은 정답을 내기 위한 정보 처리 능력이므로 일정한 수준 이상으로 단련해도 전자계산기나 전자사전 같은 역할을 할 뿐이며 성과 창출로 직결되지 않는다. 따라서 일이나 직무에서 개성 있는 실력을 발휘하고 싶다면 자신만의 스톡을 구축해야 한다. 그리고 스톡을 구축하는 데는, 말할 것도 없이 독서가 굉장히 중요한 역할을 한다.

어떻게 해야 독서를 통해 효율성 높게 배울 수 있는지를 생각하면 문제는 결국 **유익한 책을 어떻게 선택하느냐**, 그리고 선택한 책을 **어떻게 효율적으로 읽느냐**의 두 가지로 집약된다.

여기서는 나의 경험을 바탕으로 이 두 가지를 실천하기 위한 비결을 서술해보겠다.

적독을
두려워하지 마라

첫째, 적독^{積讀} <small>책을 읽지 않고 쌓아두기만 하는 것을</small> **두려워하지 않아야** 한다. 이 말은 두 가지를 의미하는데, 하나는 구입한 책을 읽어 보고 시시하면 우선은 책장에 다시 꽂아두라는 뜻이다. 이유는 단순하다. **책이라는 건 정말로 재미를 느끼며 읽어야 머릿속에 남기 때문이다.**

구입한 책을 끝까지 다 읽기 전에는 다음 책을 사지 않겠다고 선언하고는 재미없는 책을 이를 악물고서 붙들고 있는 사람이 있다. 이는 엄청나게 시간을 허비하는 일이다.

사람이 어떤 순간에 최대 효율로 흡수할 수 있는 책은 그리 많지 않다. 독서의 핵심은 '어떻게 선택하느냐'와 '어떻게 읽느냐'의 두 가지 관점에 있다고 지적했는데, 특히 **선택에 관해 말하자면 항상 지금 이 순간에 뇌가 최대 효율로 흡수할 수 있는 책을 선택**하는 것이 관건이다. 그렇다면 어떠한 지표로 효율성을 파악하면 좋을까?

아쉽게도 효율성은 나중에서야 파악할 수 있는 기준이다. 그래서 나는 가장 정확한 피드백 시스템은 여지없이 '**재미있느냐 재미없느냐**' 하는 솔직한 감상이라고 생각한다.

이 부분이 인간의 흥미로운 점인데, 때때로 **책의 사전 평**

가는 완독 후의 평가와 다르다. 이 책은 매우 흥미로울 거라고 기대했지만 읽는 것이 고행처럼 여겨질 수도 있고 결국 다 읽고 나서 아무것도 남지 않았던 경험은 누구에게나 있을 것이다. 이는 또한 독서가, **자신을 알 수 있는 최상의 리트머스 시험지**이기도 하다는 사실을 보여준다.

앞서 직업을 선택할 때는 좋아하는 일과 동경하는 일을 혼동하지 않아야 한다고 강조했는데, 이 혼동은 독서 체험에서도 즉각적인 효과로 나타난다. 자신이 **동경하는 분야의 책을 읽었는데 전혀 재미가 없거나 설레지 않는다면 그 일은 직업으로서 맞지 않는다고 판단하는 것이 좋다.**

나는 20대를 광고 회사에서, 30대를 컨설팅 회사에서 전략 책정에 관한 일을 하며 보냈기 때문에 요즘도 신규 인터넷 기업에서 전략 담당으로 와달라고 제안을 받는 일이 있다. 사무실 분위기나 카페테리아 만족도, 그리고 무엇보다 회사의 급성장 상황과, 성장을 실현했을 때의 성과 내용에 관해서 들어보면 매우 매력적으로 느껴지지만 내 나름대로 분석하려고 여러 책을 사서 읽어보면 아무래도 재미가 없어 계속 읽기 힘든 경우가 종종 있다.

물론 서적 자체의 질이나 다루고 있는 주제에 따라서도 다르겠지만, 관련 분야의 책을 몇 권쯤 사서 읽어봤는데도 전반적으로 재미를 느끼지 못하거나 그 일에 몰두하고 있는 자신의 모습을 떠올렸을 때 가슴이 두근거리지 않는다면, 그것은 좋아하는 일이 아니며 즐길 수도 없다고 판단하면 된다.

마지막으로 짚고 싶은 점은 **졸릴 때는 읽지 않는다**는 규칙이다. 이 또한 항상 재미있게 읽는다는 기본 원칙에서 나온 규칙으로, **졸린 눈을 비벼가며 책을 읽어봐야 결국은 내용이 머릿속에 들어오지 않기** 때문이다. 그럴 때는 미련 없이 잠자리에 들고, 다음 날 일찍 일어나 읽는 편이 훨씬 효과적이다.

> **식욕이 없는데도 먹으면 건강에 좋지 않은 영향을 미치는 것과 마찬가지로, 욕망이 일지 않는데도 책을 읽는다면 오히려 두뇌에 좋지 않고 기억에도 남지 않는다.** 레오나르도 다 빈치

관련 분야의 책을
동시에 많이 읽어라

그다음 핵심은 **관련 분야의 책 여러 권 함께 읽기**다. 어떤 분야의 서적을 여러 권 모아서 읽으면 한 권 한 권의 내용이 서로 연결되면서 더욱 강렬하게 머리에 남는다.

이때 책과 책 사이에는 메토니미Metonymy 관계와 메타포 Metaphor 관계, 이렇게 두 종류가 있다는 사실을 의식하면 지식의 구조화를 추진하기에 수월하다.

메토니미는 **환유**換喩를, 그리고 메타포는 은유隱喩를 뜻한다. 간혹 환유와 은유를 통틀어 메타포라고 일컫기도 하지만 엄밀하게 따지면 이 두 가지는 별개의 구조다. 예를 들어, 베네치아를 '곤돌라의 거리'라고 비유하면 메토니미가 되지만 '아드리아해의 보석'이라고 비유하면 메타포가 된다.

독서에 적용해보자. 만약 베네치아에 관한 책을 읽고 베네치아에 관심이 생겼다면 그다음에는 곤돌라에 관해 조사해본다거나 또는 제4차 십자군 원정° 하나에 관해 조사해보는 것이 메토니미적 전개의 독서인데, 이때 책과 책의 사이에 종

° 베네치아가 십자군의 해상 수송을 맡았는데 최종적으로 예루살렘이 아니라 콘스탄티노플을 공격했다.

縱의 계층 구조가 형성된다.

초심자를 위한 책부터 읽고 더 깊이 공부하고 싶은 영역이 있으면 전문 서적을 펼쳐보는 접근법도 메토니미적 독서라고 할 수 있다. 각각 **책의 내용이 계층 구조가 되므로 전체상을 파악하기 쉽다**는 것이 메토니미적 독서의 장점이다.

반면 메타포적 전개에서는 독서의 대상 영역이 점점 횡橫으로 전개되어간다. 이를테면 리더십론을 읽고 남극점 도달에 성공한 노르웨이의 극지 탐험가 아문센에게 흥미를 갖게 되자 이번에는 아문센이 쓴 남극 탐험기를 읽어보는 것, 이 방법이 메타포적 전개의 독서다.

메타포적 전개의 이점은 두 가지다. 첫째는 순수하게 흥미를 느낀 대상을 그 자리에서 잇따라 뒤쫓으며 표류하게 되므로 계속 관심을 갖기 쉬워 정착 효율성이 높아진다는 점이다. 둘째는 독서를 하는 데 동기를 부여한 원천 도서와 그에 꼬리를 물고 읽게 된 책이 구조 관계를 형성하기 때문에 더욱 **농밀하고 깊이 이해할 수 있다**는 점이다. 리더십에 관한 책을 읽다가 아문센에게 관심을 갖게 되고, 그다음에는 아문센의 전기를 읽는 식으로 흐름이 이어지면 리더십론의 차원에서

아문센의 행동을 분석하고 이해하는 것까지, 한 단계 더 깊은 독서를 체험하게 된다.

뒤집어 말하면, 이론만으로는 술술 읽고 넘어갈 수 있는 리더십론에 관한 배움을 아문센의 남극 탐험이라는 구체적인 사례에서 보강함으로써 스스로 정리도 잘되고, 또한 다른 사람에게 이야기할 때 설득력도 향상되는 효과를 기대할 수 있다.

책의
네트워크

지그소 퍼즐을 해보면 어떤 순간부터 갑작스럽게 그림의 전체 모습이 드러난다. 독서도 이와 마찬가지다. 독서량의 누적이 어느 단계를 넘어가 책과 책 사이의 관계성이 보이기 시작하면 독서에도 가속도가 붙어 읽는 속도가 빨라진다.

나는 1년에 대략 200권 정도의 책을 읽는데 실제로 모든 문자를 꼼꼼하게 읽는 것은 아니다. 이미 알고 있거나 이해하고 있는 내용은 쭉쭉 넘어간다. 아마 모든 글자를 샅샅이 읽는 책은 전체의 30퍼센트 정도인 60권쯤 될 듯하다.

나머지 책들은 새로운 내용이나 정말로 재미있는 부분만을 골라 읽으면서, 머릿속에 있는 다른 책의 내용과 연결시켜 정리하고 구조화를 진행할 뿐이다.°

하지만 되는대로 적당히 읽으면 책끼리 형성하는 네트워크는 임계 밀도에 도달하지 못하고 지그소 퍼즐 같은 그림도 떠오르지 않는다. 핵심은 책과 책의 관계를 메타포와 메토니미의 구조로 파악하는 데 있다. 이 관계성이라는 실로 책을 엮어 연결하듯 조각을 맞추면 그림은 빨리 제 모습을 드러낼 것이다.

○ 참고로 나는 책을 읽으면서 재미있는 부분이 나오면 옛날에는 노트에, 그리고 최근에는 메모 애플리케이션인 에버노트에 적고 있다. 상당히 번거롭기는 하지만 반드시 실천하고 있다. 책을 읽을 때 기억에만 맡기듯 읽고 버리는 사람이 많은데, 나의 경우 그렇게 하면 독서의 비용 대비 효과가 100분의 1 아래로 뚝 떨어지는 느낌이 든다. '단순히 독서 체험 자체를 즐긴다, 그 과정에서 충분히 얻는 게 있으니까 괜찮다'고 말하는 사람도 있겠지만, 나는 비즈니스서와 인문과학서에는 기본적으로 투자해야 한다는 생각으로 시간을 들이고 있어서 투자 대비 효과가 떨어지면 매우 곤란하다. 이 경우, 귀중한 것은 책값보다 시간이다.

그러므로 독서량이 10분의 1로 떨어진다 해도 독서 후 메모 작성은 무슨 일이 있어도 꼭 한다. 나중에 메모를 찾아 읽고 싶으면 옛날에는 메모장을 한 장 한 장 넘겨가며 찾았다. 최근에는 컴퓨터나 스마트폰으로 에버노트에 태그를 붙여서 '그때그때 관심 있는 어떤 영역'에 관해 메모해놓았던 내용을 한눈에 참고할 수 있어 효율적이다. 스티브 잡스는 컴퓨터를 '인간의 지성에 있어서 자전거'와 같은 존재로 만들고 싶다고 했다. 미국의 컴퓨터 과학자 앨런 케이가 컴퓨터의 콘셉트를 제안한 지 50년이 지나서야 겨우 그것이 실현되고 있다는 것을 최근에 느낀다.

생각하는 힘을
단련하라

독서가 중요하다고 실컷 강조하고는 마지막에 딴소리하는 것 같아서 미안하지만, 어떻게 읽느냐에 따라서는 **독서로 인해 바보가 될 수도 있다는 사실에 주의해야 한다.**

19세기 독일의 철학자 쇼펜하우어가 쓴 《독서에 대하여 Über Lesen und Bücher》라는 저서가 있다. 그는 이 책에서 "독서는 바보를 만드니 책 읽기를 그만둬라!" 하고 주장했다. **독서는 타인이 머릿속에서 생각한 것을 좇아가는 일이므로 자신의 머리로 생각하지 않게 된다**는 것이다. 맞는 말이다.

사실 쇼펜하우어는 굉장한 독서가였기 때문에 책을 읽으면 바보가 된다는 건, 아무래도 지나치게 단순화한 거라고 말하고 싶지만, 타인이 생각한 것을 그대로 받아들이기만 한다면 스스로 생각하는 능력이 쇠퇴한다는 주장에는 귀를 기울여야 할 것이다.

나는 요즘 흔히 접할 수 있는 **별걸 다 방법론으로 만들어 놓은 책**에서 이러한 위험성을 느낀다. 컴퓨터는 이것이 좋다든가, 수첩을 이렇게 사용하라는 식의 내용이다. 물론 이런 책은 나도 여러 권 읽은 적이 있으며 약간의 요령 같은 건 얻게 될지도 모르지만 기초적인 기술을 단련한다는 관점으로

볼 때는 이러한 책만 읽어서는 별로 의미가 없다. **이러한 책을 아무리 많이 읽는다 해도 가장 핵심인 '모든 일을 본질적으로 생각하는 힘'은 단련할 수 없기 때문이다.** 오히려 타인의 생각을 성찰이나 비판 없이 받아들이면 쇼펜하우어의 말처럼 바보가 될 위험성마저 생긴다.

결국은 균형의 문제지만 이런 노하우 관련 도서만 편중해서 읽는 사람이 있다면 주의하는 것이 좋다.

> **반론하고 논파하기 위해 책을 읽지 마라. 믿고 그대로 받아들이려는 자세로 읽지도 마라. 화제나 논제를 찾아내기 위해서도 읽지 마라. 깊이 궁리하기 위해서 읽는 것이 좋다.** 프랜시스 베이컨 《수상록》

4

공격형 이직과
회피형 이직의
차이는 무엇일까

이직에서의
공격과 회피

이직에는 **공격형 이직**과 **회피형 이직**의 두 가지 유형이 있다. 공격형은 자신이 하고 싶은 일, 원하는 자신의 모습에 더욱 다가가기 위한 이직이고, 회피형은 견디기 힘든 현재의 상황에서 벗어나기 위한 이직이다.

나는 두 가지 유형을 다 경험했는데 각각 유의해야 할 점이 다르다. 세상에는 공격형 이직은 좋지만 회피형 이직은 바람직하지 않다고 조언하는 사람도 있는 모양이지만 이런 말에는 그다지 신경 쓰지 않아도 된다. 현재 너무나도 괴로운 직장 환경에서 일하고 있다면 정신 건강을 위해서, 나아가서는 자신의 인생을 지키기 위해서도 당장 도망쳐야 한다. 게다가 회피를 위한 이직은 본래 **내부에서 기업 지배 구조가 효율적으로 이루어지지 못하는 일본 기업에게 경영 시정 조치를 취하게 하는 강력한 압력 가운데 한 가지 방법**이다.

경영에 항의하는
회피형 이직

일본 상법에서 경영자는 주주에게 위탁받아 경영을 집행하는 역할을 한다. 경영자의 경영 집행 상황을 확인하고 필요에 따라 시정 조치를 취하게 하는 시스템을 기업 지배 구조라고 한다. 이 시스템에서 확인 및 필요에 응해 시정 조치를 요구하는 것이 직원이나 거래처 등 이해관계자의 역할이다.

이해관계자는 크게 의견opinion과 퇴장exit의 두 가지를 시정 조치의 요구 수단으로 삼는다. 우선 **주주**株主°를 살펴보자. 주주는 경영자의 경영 상황에 만족하면 **주식을 사는 형태**로 찬성의 뜻을 표명하고 만족하지 못하면 **주주총회에서 불만을 말하거나**(=의견) **불신임안을 제기하고**(=의견), 또는 **주식을 파는**(=퇴장) 형태로 시정 조치를 요구한다.

그다음이 **고객**이다. 고객은 경영 상황에 만족하면 **거래 관계를 유지**하거나 **거래량을 늘리는** 형태로 찬성 의사를 표명하지만, 반대인 경우는 **영업 담당에게 항의하기도 하고**(=의견) **거래량을 줄이거나**(=의견) **거래를 끊는**(=퇴장) 형태로 의견을

°   권리가 큰 만큼 책임도 크다. 이를테면 기업 도산 시에는 거래처의 채권이 주주의 권리보다 우선된다.

표명하거나 압력을 가할 수 있다.

그리고 마지막 이해관계자가 **직원**인데, 사실 직원에겐 매우 한정적인 요구 수단밖에 없다. 특히 **반대를 표명**(=의견)하기가 어렵다.

찬성 의사의 경우는 소극적이긴 하지만 회사에 계속 다니는 일 자체로 표명할 수 있다. 적극적으로 업무에 매진하고 외부에 회사 홍보를 한다든지 인재 채용 활동에 기여하는 형태로도 찬성 의사를 표명할 수는 있다. 하지만 경영진에 대한 요구 방법은 현실적으로 거의 폐쇄되어 있다. 법적으로 보장되어 있는 형태로는 노동조합을 통한 의견 표명이 있지만 이마저도 조합 입장의 의견이 되기 십상이라 개인의 의견을 그대로 전달하기는 어렵다.

이렇게 생각하면 **사실상 직원이 취할 수 있는 가장 강력한 반대 의견의 표명 방법은 '퇴직'**이라는 것을 알 수 있다. 옳고 그름의 판단은 유보한다고 해도 어쨌든 현재 기업 지배 구조 하에서 **직원이 경영자에게 반대 의사를 강하게 표명하는 방법은 퇴직 외에는 없다.**

소니의 이데이 노부유키 회장이 최고경영자로 있던 시기

에, 제휴하던 삼성으로 많은 기술자가 스카우트되어 큰 문제가 된 적이 있다. 물론 다른 회사로 떠나간 기술자에게는 경제적인 요인이나 보람 같은 공격적 요인도 컸을 테지만 한편으로 생각하면 당시 물건을 만드는 회사에서 엔터테인먼트 회사로 크게 방향을 돌리려고 한 경영진을 향해 강력하게 반대 의견을 표명한 것인지도 모른다.

다소 길어졌지만 하고 싶은 말을 간추리면, 회피형 이직은 당사자에게는 회피일지 모르지만, 그 의사 표명의 행동은 회사 내부에서 기업 지배 구조를 효과적으로 활용하기 어려운 기업에게 매우 중요한 깨달음을 주는 계기가 된다.

회피형 이직 시 유의할 점

반년만
기다릴 수 없는가

이렇듯 나로서는 회피형 이직을 결코 부정적으로 바라보지는 않지만 한 가지 조언을 하자면 **앞으로 반년만 기다릴 수 없는지**를 깊이 생각해보길 바란다. 그 이유는 '평균으로의 회귀' 문제가 있기 때문이다.

평균으로의 회귀라는 말을 들어본 적이 있는가. 간략히 설명하면, 좋은 일이 계속되면 그 후 나쁜 일이 일어나고, 나쁜 일이 계속되면 그 후 좋은 일이 일어난다는 의미다. 결국 **긴 안목으로 보면 평균치로 안정되어간다**는 뜻이다. 이렇게 말하면 당연하다고 생각할지도 모르지만 사실 세상에는 **평균 회귀를 의식하지 못하는 경우가 많다.**

전형적인 예로는 징크스 종류가 그러하다. 프로 야구에서 신인 때 두드러진 활약을 보이던 투수가 2년차에 들어서면 전만큼 실력을 발휘하지 못하는 경우를 '2년차 징크스'라고 부른다. 또한 교사들 중에는 '칭찬하면 자만해져서 성적이 떨어지고 야단치면 분발해서 성적이 오른다, 그러니 역시 야단치는 편이 좋다'는 교육론을 펼치는 사람이 있는데, 이러한 현상 역시 평균 회귀에 따른 현상이라고 보는 것이 자연스럽다.

그렇다면 평균 회귀는 왜 이직과 관련이 있을까? 회피하고 싶을 정도로 괴로운 상황은 **시간이 지나면 평균 회귀에 의해 저절로 해결될 가능성이 있기 때문이다.**

이직은 상당한 위험 부담이 따르는 행동이다. 아무리 사전에 조사하고 생각을 거듭한다 해도 역시 실패할 염려를 지울 수는 없다. 만약 상황이 조금이라도 개선될 가능성이 엿보인다면 단지 지금 상황이 나쁘다는 이유만으로 이직하기는 아깝다. 더욱이, **상황이 좋지 않을 때는 정신적으로나 육체적으로나 의욕이 저하되어 있기 때문에 인생의 방향키를 과감히 돌리기에는 위험 부담이 크다고 할 수 있다.**

이 상황을 주식에 빗대어 생각해보면 이해하기 쉽다. 자신의 상황이 마치 주가처럼 상승과 하락을 반복한다고 치자. **상황이 나쁠 때 회피형 이직을 감행하는 것은 주가가 떨어졌을 때 주식을 매각하고 다른 주식을 사는 것과 같다.** 이를 반복하면 자산은 점점 줄어든다. 그러므로 지금 회피형 이직을 하려는 마음이 생겼다면 **반년만 기다리지 않겠는가?** 하는 물음을 꼭 되새겨보길 바란다. 만약 반년 후에 현재 상황이 개선되어 회피를 꾀할 필요가 없어질 가능성이 있다면 너무 애쓰

지 말고 지내보는 것도 좋다. 즉 **아무것도 하지 말고 기다리는 인내도 훌륭한 선택지**라는 사실을 기억하자.

나 자신도 '너무 괴로워, 이 따위 회사 당장 때려치우고 싶어' 하고 생각하면서 그대로 남아 견뎠더니 그 후 상황이 완전히 뒤바뀌어 회사 생활도 일도 즐거워졌던 적이 여러 번 있다.

컨설턴트가 된 지 2년쯤 지났을 무렵에는 밤늦게까지 야근이 계속되는 데다 제대로 성과를 인정받지 못해 괴로워하던 끝에 정말로 회사를 그만두기로 마음먹었다. 하지만 너무 바빠서 지원 동기를 정리한다거나 이력서를 업데이트하는 등 이직 준비를 할 시간조차 내지 못했다. 결국은 눈앞에 빙산처럼 쌓인 일들을 어찌어찌 해결해나가는 동안에 프로젝트가 마무리되고 나를 옭죄던 인간관계도 자연스럽게 해결되었던 경험이 있다.

괴로움도 시간이 지나면 잊히게 마련이라고 말하려는 건 아니지만 회사 전체의 사풍과 자신의 인격이 너무도 맞지 않아 **아무리 애써도 도저히 개선될 리 없는 문제가 아닌 한, 지긋이 기다려보는 것도 효과적인 전략**이다.

어중간한 상태를
견뎌낸다

또 한 가지 당부하고 싶은 말이 있다. **회피형 이직을 할 때야말로 이직할 회사를 신중하게 고르길** 바란다. 누구나 잘 아는 이야기이지만 회피형 이직을 해야만 하는 경우라면 본인에게는 한시가 급하게 빠져나가고 싶은 상황이다 보니 아무래도 성급히 이직할 회사를 결정하는 경향이 있다. 친구나 지인이 이직할 때 옆에서 봐도 그렇고 나 자신의 이직 경험을 떠올려봐도 마찬가지다. 하지만 서둘러 결정하다가는 돌이킬 수 없는 실패의 원인이 될 수 있다.

영국의 저명한 군사학자로 전쟁사를 연구한 바실 리델 하트는 **외교에서 가장 중요한 것은 '어중간한 상태를 가만히 견뎌내는 일'**이라고 주장한다. 어떤 상황이나 일이 어느 쪽으로도 결정되지 않은 상태를 견디기는 매우 어렵다. 그 괴로움을 버텨내지 못하고 충동적으로 쉽게 '죽음에 이르는 길'로 도망가려는 자는 예로부터 개인한테서도 국가에서도 볼 수 있었다. 하지만 '아직 결정하지 못한' 괴로운 상태를 견뎌내는 일이야말로 가능성이 불확실한 승리의 환상을 좇느라 국가를 잿더미로 만들어버리기보다는 훨씬 뛰어난 선택이라는 사실을 명심해야 한다.°

요컨대 개인도 국가도 너무나도 괴로운 진퇴유곡의 상황에 처하면, 쥐도 궁지에 몰리면 고양이를 물듯이, 위험 요소가 큰 결단을 섣불리 내리는 경향이 있으며 결국 이 졸속한 결정이 파멸을 불러일으킨다고 경각심을 주고 있다.

쥐가 고양이를 무는 상황은 '어떻게 하면 그렇게까지 될까?' 할 정도로 파멸적인 선택이지만 개인도 국가도 꼼짝할 수 없을 정도로 벼랑 끝에 몰리면 극단적인 선택을 하기도 한다. 역사상 멸망한 국가는 대개 그렇게 무모한 일을 저지른 거라고 할 수 있다.

그렇다면 이러한 진퇴유곡의 상황에 빠졌을 때는 어떻게 극복하면 좋을까. 리델 하트의 조언에는 역사학자이기에 가능한 깊이가 있다. 그는 **뭔가 구체적인 행동을 취하지 말고 단지 가만히 견디라고** 말한다. 섣부른 행동을 삼가고 정확한 정보를 모으면서 진득하게 기회를 기다리라는 것이 리델 하트가 전하는 조언이다.

분명 리델 하트의 머릿속에는 영국이 그러한 모델로 자리

○　《본질을 꿰뚫는 '사고방식'》 나카니시 데루마사 지음, 선마크출판, 2007년

하고 있었을 것이다. 중세 이래로 영국은 스페인과 프랑스라는 양 대국 사이에 끼어 항상 국제적인 긴장에 아슬아슬하게 노출되어 있었지만 외교 전략에 있어 **늦게 행동한다**는 원칙을 기본 방침으로 일관했다.

성급한 결정은 회피성 이직에서 절대로 피해야 하는 접근 방법이다. '이 회사에 계속 있을 수 없다는 것은 잘 알고 있다, 하지만 다음에 갈 회사를 좀처럼 찾을 수 없다'는 것은 분명 리델 하트가 말하는 어중간한 상태이며 말도 못하게 괴로운 상황일 것이다. 나 또한 몇 번인가 그러한 상황을 겪었기에 잘 안다. 하지만 분명히 그러한 때야말로 경솔한 의사 결정을 피하고 천천히 움직여야 한다.

자유를 위한
선택

또 한 가지, **자유로워지고 싶어서 이직을 반복하면 평생 부자유 속에서 살게 된다는** 사실을 말해주고 싶다. 진정한 의미에서 자유롭고 싶다면 인생의 이른 시기에 부자유를 받아들여야 한다.

회사에 얽매이지 않는 삶은 확실히 자유로울 것이다. 이 회사가 아니면 살아갈 수 없는 상태는 인생에서 많은 가능성을 빼앗아간다. 하지만 한편으로 그 **자유를 얻으려면 심한 부자유를 한 번 받아들여야 한다**는 것을 사람들은 대부분 깨닫지 못하고 있다.

나는 음악을 무척 좋아해서 피아노와 첼로를 연주할 줄도 안다. 그런데 오랜 세월 악기를 다루다 보면 악기 트레이닝의 역설적인 측면을 알게 된다. 그도 그럴 것이 악기를 자유롭게 연주하기 위해서는 상당량의 훈련이 필요한데, 역설적이게도 이 훈련이란 정형적으로 어떤 틀에 맞춰가는 과정으로 점점 부자유스러워지는 측면도 있기 때문이다. 훈련을 거듭해야 악기를 자유롭게 다룰 수 있다. 반면에 훈련을 하면 할수록 부자유성도 동시에 얻게 된다는 패러독스가 존재하는 것이다.

이와 같은 현상은 비즈니스 영역에서도 일어난다. 회사에 의존하지 않고 살아갈 수 있는 '자유'를 얻기 위해서는 인생의 한 시기에 오히려 일에 매여 지배당함으로써 자유롭게 살아가기 위한 힘을 길러둘 필요가 있다.

내 경험상으로는 20~30대 전반이 바로 이 시기다. 이 시기에 얼마나 밀도 있는 직업 인생을 보내느냐에 따라 그 이후 얼마나 자유로울 수 있느냐가 결정된다.

부자유
체험

나는 20대를 광고 회사 덴쓰에서 영업직으로, 그리고 30대 전반에는 전략계 컨설팅 회사에서 일할 수 있었기에 무척 운이 좋았다고 할 수 있다.

광고 회사의 영업직은 보통 사람들이 떠올리는 영업의 이미지와는 업무 내용이 많이 다르다. 실제 업무 내용은 오히려 프로듀서에 가깝다. 광고주가 제시한 과제를 토대로 사내 직원들을 통솔해 회사 전체로서의 능력을 이끌어내 과제를 해결하는 일이다.

이때 종종 불거지는 문제가 입사 연수에 따른 관계다. 팀의 기능을 최대한 끌어올리기 위해서 결국은 마케팅 플래너나 크리에이티브 디렉터가 영업의 지시에 따라야 한다. 영업직은 수석 프로듀서의 입장에서 일을 지휘할 뿐만 아니라 고객의 과제를 가장 잘 이해하고 있는 사람이기 때문이다.

하지만 입사 연차 측면에 보면 때때로 영업직보다 내근직인 플래너 쪽이 선배인 경우가 많이 발생한다. 회사 경력으로는 후배인 영업 담당이 선배인 플래너나 디렉터를 지휘해야 하는 것이다. 특히 나는 대학을 졸업하자마자 입사해서 영업 부서에 발령이 났기 때문에(최근에는 역시 이러한 무모한 발령 배

치는 없어졌다고 들었지만) 처음 몇 년은 직원들 대부분이 나보다 입사 선배였다.

고객은 수없이 다양한 의뢰를 쏟아낸다. 그런데 내가 이끄는 팀의 구성원들은 나보다 입사 10년 또는 20년 위인 베테랑 선배들이다. 고객의 의뢰를 그대로 전부 맡길 수도 없고, 또 그렇게 한다고 해도 정말로 가치 있는 결과물은 나오지 않는다.

결국 팀을 어떤 방향으로 움직여나갈 것인가, 그러려면 무엇을 해야만 하는가를 영업 담당이 생각해서 고객을 설득하는 동시에 내근직 팀원들도 설득해 이끌어나가야 한다. 하지만 이러한 사고방식과 행동 양식으로 바꾸기는 상당히 어렵다. 아직 학생 티를 벗지 못한 신입 사원 초기에는 그때까지 인생을 살면서 머릿속에 박힌 '연장자는 훌륭한 사람들이다, 연장자의 의사 결정에 따라야 한다'는 선입견에서 쉽사리 벗어날 수 없기 때문이다.

내근직으로 일하는 선배에게 "영업이 그렇게 중심을 못 잡고 있으면 어떡하나, 자네가 가장 높은 자리에 있는 거라고! 정신 차려!" 하는 말을 몇 번씩이나 듣고 나서야 겨우 연장자

에게 업무를 지시하는 데 따르는 불편함이 줄어들었고 나중에는 기능에 따른 역할을 염두에 둔 말과 행동을 자연스럽게 할 수 있게 되었다.

스스로 숙고한 뒤에 방향성을 결정하고 연장자를 포함한 사내외의 많은 관계자를 이끌어 최대 성과를 도모하는 일, 이는 지금 되돌아보면 리더십 육성에 정말로 효과적인 트레이닝이었다. 이런 중요한 일을 우연히 20대에 맡아, 더 이상은 없을 정도로 심도 있게 경험한 일은 큰 재산이 되었다.

하지만 업무는 말도 못하게 힘들었다. 한마디로, **극히 자유롭지 못한 생활이었다.** 월요일부터 금요일까지 매일 밤 야근이 이어졌고 주말에 회사에 나오기 싫어서 어떻게든 금요일에 일을 마치려고 하다 보면 어느새 토요일 아침이 밝아오던 적이 한두 번이 아니었다. 분명 노예 상태였던 게 분명한데도 그 노예 상태가 지금 내가 갖고 있는 자유의 초석이 되었다고 단언할 수 있다.

뇌 회로를
새로이 고친다

전략 컨설팅 회사에서는 철저하게 로지컬 씽킹과 로지컬 라이팅 기술을 단련했다. 지금 이 글을 쓰면서 새삼 나는 참으로 고생을 사서 하는 성격이라는 생각이 들었다. 익숙하고 편해진 광고 회사 덴쓰를 그만두고 다시 처음부터 무언가를 시작해야 하는 자유롭지 못한 생활로 되돌아온 것이다. 겉으로 보기에 라이프 스타일은 조금도 바뀌지 않았다. 월요일부터 금요일까지는 연속 야근에 철야 작업도 빈번히 해야 했다.

하지만 이때 단련할 수 있었던 영역은 광고 회사 때와는 완전히 달랐다. 덴쓰에서도 기획서를 작성하거나 전략을 책정하는 업무를 했기 때문에 나름대로 잘한다는 자부심이 있었는데 입사 일주일 만에 그 자신감이 산산이 무너진 것이다. 논리적으로 생각한다는 것은 말로 하면 쉽고 책상에 앉아 연습해봐도 잘되는 것 같다. 하지만 실제로 눈앞에 닥친 업무 문제를 해결하려고 이를 논리적으로 접근하기란, 익숙해지기 전에는 상당히 어렵다.

겪어본 사람은 잘 알 테지만 **뇌 회로를 새로 고치는 느낌**이라고 하면 뉘앙스가 전해질까. 그 과정을 통과하면 이번에는 즐거울 정도로 결과물이 나오고 일이 점점 재미있어지지

만, 뇌 회로를 새로 고치는 일이 가능해지기까지가 꽤 힘들다. 그리고 이 **회로를 새로 고치는 일은 역시 양量의 함수**다.

이미 새로 고치기를 끝낸 사람에게 "당신이 낸 결과물은 여기가 틀렸다, 저 부분이 잘못됐다"고 실컷 지적당하고(보스턴컨설팅 그룹에서는 이것을 '담금질당한다'라고 말한다), '내일 아침까지 다 못 하겠어, 어쩜 좋아' 하고 몸이 달아서 한밤중에 수차례 식은땀을 흘리길 몇 번이나 되풀이하다 보면 어느 순간에 번뜩 깨닫게 된다.

내 경우, 번뜩 하고 깨닫게 되기까지는 반년이라는 비교적 짧은 시간이 걸렸는데 역시나 그때까지의 생활은 매우 자유롭지 못했다(그 이후로도 상당히 자유롭지 못하기는 했지만).

자유의
원천

자유를 손에 넣으려면 자유롭지 못한 시기를 겪어내야 한다는 이 사고에는 시대를 초월한 보편성이 있다. 대표적으로 꼽을 수 있는 사람이 바로 에도시대 막부 말기의 호걸로 잘 알려진 가쓰 가이슈다. 그는 무척 자유로운 사람이었다. 군주를 존경하고 외적을 격퇴하자는 사상이 주류를 이루는 가운데 문호 개방을 주장하는 위험을 무릅쓴다는 것은 자유로운 사람이 아니고는 할 수 없는 일이었다.

사회심리학에서는 집단역학Group Dynamics 개인과 집단에서의 독특한 사고와 행동. 또는 그에 관한 연구이라는 개념으로 정리하는데 **전체가 어떤 의견으로 기울 때 자신 혼자 다른 의견을 말하는 것은 마음이 자유롭지 않으면 불가능한 행동**이다.

게다가 그는 반대 의견을 주장하는 위험인물에게 호위 무사도 없이 혼자 스스럼없이 다가가곤 했다. 어쩌면 이렇게 자신의 의사에 순순히 따르며 자유롭게 행동할 수 있었을까. 나는 가쓰 가이슈의 **검술 기량이 그의 자유로움을 뒷받침해주었다**고 생각한다.

이에 관해 그다지 알려지지 않은 이야기가 있다. 가쓰 가이슈는 직심영류直心影流라는 유파의 검술을 전수받아 자기

것으로 만들었다. 에도시대의 격변기에 근대화를 이끈 사카모토 료마가 천하의 지바도조千葉道場 유파의 전수자였다는 사실은 잘 알려져 있다. 하지만 가쓰 가이슈 또한 검술의 달인이었다. 가쓰 가이슈가 교토에서 자객 세 명에게 습격당했을 때 4대 검객으로 유명한 오카다 이조가 지켜주었다는 일화가 유명한 탓에 가쓰는 머리로는 화를 내면서도 싸움에는 약하다는 이미지가 있는 것뿐이다. 더욱이 여기에는 그의 지략이 숨어 있는데, 바로 자신의 검을 봉인하는 것이었다.

가쓰 가이슈는 검의 칼집과 코등이검의 손잡이와 칼날 사이에 끼워 칼자루 쥔 손을 보호해주는 부분를 일본 고유의 종이를 꼬아 만든 '지승'으로 묶어서 갖고 다녔다. 힘을 주어 칼을 빼려고 하면 지승이 찢어지면서 칼이 빠진다. 이 순간 마음에 제어장치가 걸린다. 반사적으로 칼을 빼서 바로 상대를 베어버리는 일만큼은 피할 수 있다. 자신이 다른 사람을 베는 일은 하지 않는다. 하지만 만약 자신이 베일 것 같으면 칼을 뽑아들고 몸을 지키면서 도망친다.

직심영류 검술을 전수받았을 정도면 위험한 상황이 닥쳤을 때도 분명 베이지 않을 자신이 있었을 것이다. 그렇기에

그만큼 자유롭게 행동했던 것이리라.

하지만 검술은 접해본 사람이라면 이해하겠지만, 정말로 지루한 연습을 반복해야 한다. 검술을 익혀나가는 단계인 수파리守破離검도를 비롯한 무도나 다도 등 학문의 수행 단계를 말하는 불교 용어로 말하자면 '수守'라는 첫 단계로 스승의 가르침을 통해 오로지 수련을 반복하는 단계다. 한동안 극히 자유롭지 못한 시기를 보냄으로써 일종의 자유를 얻는다는 역설적인 측면을 여기서도 엿볼 수 있다.

한마디로 정리하면 자유로워지고 싶다면 어딘가에서 부자유를 인내해야 한다는 뜻이다. 반대로 말하면 젊을 때부터 자유만을 좇아 일을 선택한다면 언젠가 인생이 부자유스러워진다는 의미로 해석할 수 있다.

> **환난은 인내를, 인내는 연단을, 연단은 소망을 이루는 줄 앎이로다.** 《신약성서 로마서》

자유의
대가

마찬가지로 꼭 알려주고 싶은 것이 '자유는 상당히 괴롭다'는 말이다. 에리히 프롬은 저서 《자유로부터의 도피》에서 제2차 세계대전 당시 '자유의 과실' 맛을 아는 근대인이 왜 독일을 석권하고 있던 나치즘의 전체주의에 그렇게 열광했는지를 날카롭게 분석했다. 시민이 그때까지 매여 있던 사회적 시스템으로부터 해방된 시기는 유럽에서는 16세기에서 18세기까지 르네상스와 종교개혁을, 그리고 일본에서는 메이지유신19세기 후반 일본 자본주의 형성의 기점이 된 정치 사회적 변혁의 과정을 거치고 난 후였다.

에리히 프롬은 유럽과 일본에서 시민이 해방되어 정말로 행복해졌는가 하는 의문을 우리에게 던져준다. 자유롭다는 것은 견디기 힘든 고독과 통렬한 책임을 동반한다. 고독과 책임을 견디면서 더욱 진정한 인간성의 발로라고 할 수 있는 자유를 계속 희구함으로써 비로소 인류에게 바람직한 사회가 탄생하게 마련이다.

하지만 **자유가 그 대가로서 초래한 날카로운 고독과 책임의 무게에 짓눌리고 지친 나머지, 수많은 사람이 자유를 내던지고 전체주의를 선택했다는 것이**, 프롬이 분석한 내용이다.

이는 근본적으로는 일본의 문학가 나쓰메 소세키가 일련

의 저서에서 경종을 울린 근대적 자아의 문제와도 같다. 나쓰메 소세키의 저서에는 갑자기 찾아온 자유를 감당하지 못해 결국은 자신을 파멸시키고 마는 인물이 많이 등장한다. 우리는 **자신이 생각하는 것만큼 자유라는 극약을 다루는 데 익숙하지 못하다**는 사실을 인식해야 한다.

앞서 진정으로 자유로워지고 싶다면 어느 한 시기에 완전한 부자유를 받아들여야 한다고 말했다. 자유롭게 살아가기 위해서는 기술이 필요하고 그 기술을 익히려면 훈련이라는 측면에서 자유롭지 못한 시기를 감수하고 받아들여야 한다는 취지였다. 그에 더해 자유에는 **상당히 강인한 마음이 필요하다**는 것을 충분히 인식하길 바란다.

터전을
잃는다는 것

나는 이 책에서 지금까지 일관된 어조로 위험을 감수하고 이직하는 데 전반적으로 긍정적인 입장을 유지해왔다. 하지만, **그렇다면 우리도 이직을 반복하는 걸 당연하게 인식하고 있는 서구 사회처럼 해야 하는 것일까, 그것은 정말로 좋은 일일까** 하고 묻는다면 솔직히 말해서 잘 모르겠다. 이렇게 말하는 이유는 내가 그러한 인생을 선택함으로써 무언가 크게 잃은 것도 있다는 것을 실감하기 때문이다.

대학을 졸업하고 바로 입사했던 광고 회사 덴쓰를 퇴직했을 당시에는 그야말로 비명을 지르고 싶을 정도로 자유에 감격했지만 시간이 흐르자 의지할 데 없는 몸이 되었다는 차가운 현실을, 간간이 겪는 사회생활의 상황과 인간관계 속에서 뼈저리게 깨달았다. 그때서야 비로소 뭔가 기댈 수 있는 큰 터전을 잃고 말았다는 사실을 인식하고 상실감과 고독감, 그리고 그러한 감정에서 기인한 불안에 사로잡혔다.

큰 회사의 직원 가운데는 그 회사에 소속되어 있다는 것밖에 정체성을 갖지 못하는 사람도 있다. 나 자신은 그러한 정체성의 존재에 줄곧 거부감을 느끼고 있었으면서도 막상 실제로 큰 조직에서 벗어나 개인으로서 자유로워졌을 때 무엇

을 자기 정체성의 초석으로 두면 좋을지를 생각해보게 되었고, 이는 상당히 어려운 문제라는 것을 깨달았다.

　결국 쓰라린 고통을 겪어내고 눈앞에 놓인 일을 해나가면서 이러한 부정적인 감정을 잘 다스릴 수밖에 없다고 결론지었지만, 한편으로 모든 사람이 나와 같이 이런 부정적인 감정과 어우러져 살아가야 한다면 사회로서 정말로 바람직한지도 생각해보아야 하지 않을까.

> 나는 지금보다 한층 더 쓸쓸한 미래의 나를 인내하는 대신에, 쓸쓸한 지금의 나를 인내하고 싶다. 자유와 독립과 자신다움으로 충만한 현대에 태어난 우리는 그 희생으로 모두 이러한 쓸쓸함을 맛보아야만 할 것이다. 나쓰메 소세키 《마음》

공격형 이직 시 유의할 점

얻는 것보다 잃는 것에
초점을 맞춰라

이렇게 생각을 거듭하면 공격형 이직에서 어떤 점에 유의해야 하는지를 알 수 있다. 그것은 무엇을 **얻느냐가 아니라 무엇을 잃을지를 진지하게 생각해야** 한다는 점이다.

공격형 이직을 지향하는 사람은 이직하면 얻을 수 있는 이점에 의식을 집중한다. 이점이란 보람 있는 일이나 높은 연봉일 수도 있고, 혹은 소개팅에서 자신 있게 내밀 수 있는 명함, 또는 장래의 커리어를 넓힐 기회일 수도 있다.

앞에서 서술한 대로, 이렇게 말하는 나 자신도 덴쓰를 퇴사하고 스타트업 기업에 경영 임원으로 참가할 때 사업 창설 체험과 눈부신 자유에 혹해서 무엇을 잃을지에 관해서는 전혀 생각도 하지 못했다. 지금 생각해보면 상당히 무모했다고밖에 할 수 없다. 중대한 의사 결정인데도 **효과와 비용 중에서 한쪽인 효과밖에 의식하지 않았기** 때문이다.

금융에서는 투자에 대한 수익금을 투자자본수익률ROI. Return On Investment이라는 개념으로 정리하는데, 이 개념에 따르면 나는 이익금만을 보고 투자의 정도는 추량하지 않고서 의사결정을 한 셈이다. **효과밖에 보이지 않으면 투자에 관한 모든 판단은 'Go!'가 된다.**

이직에 대한 비용 대비 효과 중에서 때때로 왜 비용 면의 검토에 소홀해지는 걸까? 나도 명확한 답은 모르지만, 공격형 이직을 하려는 사람에게는 **잃을 수 있는 것이 이미 공기와 같은 존재가 되어 있어 미처 의식하지 못하는** 게 아닐까. 이런 현상은 특히 대기업에서 외국계 기업이나 스타트업 기업으로 이직하는 경우에 두드러진다.

내가 대학을 졸업하고 바로 입사한 덴쓰는 직원들에게 사회적인 신용도나 안정적인 급여와 대우, 경조사 때의 후한 보장, 그리고 큰 조직에 속해 있다는 안도감과 연대 의식을 제공하고 있다. 하지만 이런 조건들은 상당히 의식하지 않는 한 공기처럼 당연히 여겨지게 마련이다.

일상생활을 하면서 매일 공기와 물의 고마움을 의식하고 사는 사람은 별로 없겠지만 아폴로 13호 탑승자에게 공기와 물은 말 그대로 사활이 걸린 문제였다. 극단적으로 말해서, 대기업에 근무하는 사람에게 연대감이나 만일의 사태에 대비한 든든함은 인류에게 산소나 물과 같다고 볼 수 있다. 반면에, 그때까지 비교적 작고 의사소통이 잘되는 회사에 다니던 사람이 대기업으로 이직할 때는 반대의 사태가 발생할 가

능성이 있다.

지금까지 당연하게 여기던 자유로움과 임의성을 잃고 나서 생각지도 못했던 상실감에 사로잡힐지도 모른다. 이렇게 생각하면 대기업에서 스타트업 기업이나 외국계 기업으로 옮기든 스타트업 기업에서 대기업으로 옮기든 **나는 무엇을 얻을 수 있는가 하는 물음뿐만 아니라 나는 무엇을 잃게 될까에 관해서도 진지하게 생각해야 한다.**

일의
본질

공격형 이직을 검토할 때 유의해야 할 또 한 가지는 **일의 본질**이라는 핵심 요소다.

왜 본질이 중요할까. **어떤 특성을 지닌 일에서 활약한 사람이 다른 특성을 지닌 일에서는 눈에 띌 만한 성과를 내지 못하는 경우가 많기** 때문이다. 농구의 신으로 불리던 마이클 조던이 프로 야구 선수로서는 전혀 활약하지 못했듯이, 비즈니스 세계에서도 같은 일이 일어날 가능성이 있다.

일이 갖고 있는 특성은 다양한 테두리에서 생각할 수 있다. 나는 '**과제 선행**'과 '**호기심 구동**'의 두 가지 유형으로 나누어 생각한다. 이 두 특성은 그 분야에서 일하는 사람에게 전혀 다른 행동 양식과 사고관을 요구하므로 구분해서 생각해야 한다.

과제 선행 유형에 속하는 일은 주로 **과제가 먼저 주어지고 이 과제를 전심전력을 다해 해결하는** 형태다. 내가 일했던 업계 중에서는 컨설팅 회사가 가장 과제 선행적 특성을 띤다. 우선 고객이 있고, **그들이 던져준 다양한 문제와 과제를 해결하기 위해 지원하는** 일이다. 광고 회사의 일도 기본은 과제 선행이다. 그렇게 해야 하는가 어떤가의 시비는 차치하고, **광**

고주가 커뮤니케이션이 필요한 과제를 잇따라 던져주면 그 과제를 해결하는 형태가 이 일의 중심이다.

호기심 구동 유형에 속하는 일은, 누군가로부터 **과제가 주어지는 게 아니라 자신이 과제를 만들어야 한다**. 개인의 문제의식과 호기심이 자발적인 동기로 작용하여 일이 돌아간다. 개인의 문제의식과 호기심이 없으면 애초에 일이 발생하지 않는 것이다.

내가 경험한 직업 가운데서는 스타트업 기업의 경영 임원이 호기심 구동 유형에 해당했다. 스타트업 기업이란 과제를 던져주는 고객이 적어서 구조적으로 호기심 구동형이 될 수밖에 없다. 고객 기반이 충분히 형성되면 고객이 제시한 과제를 해결함으로써 사업이 운영되지만 충분한 고객 기반이 없는 상황에서는 **자발적인 동기를 토대로 상품을 출시하거나 마케팅을 실행해 고객을 창출해내야만** 한다.

이렇듯 두 가지 특성에서 각각 필요로 하는 능력이 크게 다르기 때문에 이 두 직업 사이를 오가는 이직에는 주의해야 한다. **한쪽 직업에서 좋은 실적을 올렸다고 해서 다른 한쪽의 직업에서도 똑같이 좋은 결과는 낼 수 있는 건 아니기** 때문

이다. 내가 바로, 과제 선행형 회사인 덴쓰에서 호기심 구동형 회사인 스타트업 기업으로 이직했다가 톡톡히 고생한 사람이다. 젊은 혈기에서 빚은 일이라고 말할 수도 있지만, 이제 와서 돌이켜보면 그때의 이직은 매우 경솔한 의사결정이었다.

호기심을
구동할 때

이미 말했듯이 나는 광고 회사 덴쓰에 재직하던 시절에 광고주의 창구 역할을 하는 영업직으로 일했다. 덴쓰는 회사 전체의 시스템이 과제 선행형이기 때문에 광고주가 던져준 과제를 받아내는 부서가 제대로 갖추어져 있는 데다가 제시된 과제를 정해진 기일까지 확실히 마무리 짓는다는 마인드세트Mindset 경험, 교육, 선입관 등에 의해 형성되는 사고방식이나 가치관와 업무 기술이 단단히 정착되어 있다.

그런데 스타트업 기업에는 그러한 조직도 마인드세트도 없을 뿐만 아니라 애초에 아무도 명확한 형태로 과제를 주지 않는다. 과제를 자신이 찾아내 우선순위를 매기고 그 일을 누구에게 맡길지, 또는 어떠한 방법으로 진행할지를 전부 스스로 결정해야 한다. 당연히 **경영은 매니지먼트를** 해야만 하므로, 이는 **난이도의 문제가 아니라 업무의 질이 크게 달라지는** 일이다.

특히 내가 힘들었던 것은 **과제를 추출하고 우선순위를 정하는 일이었다.** 경영 자원은 무한하지 않다. 특히 창업한 지 얼마 안 되는 스타트업 기업에서는 자원이 극히 한정적이다. 반면에 과제는 산더미처럼 쌓여 있다. 이 과제를 모두 해결할

수는 없는 노릇이라 스스로 우선순위를 매겨야 한다. 지금 당장은 손대지 않을 과제를 선택해야만 하는 것이다.

'일할 때는 몰입해서 확실히 하고 힘을 뺄 때는 뺀다' '버려야 하는 것은 미련 없이 싹 버린다'가 경영 전략의 핵심이라는 사실을 10여 년이 지난 요즘에는 뼈아플 정도로 절실히 느끼고 있다. 하지만 당시 자원이 풍부했던 광고 회사에서 광고주에게 잇따라 과제를 받고 그 과제를 넘칠 정도로 풍족한 사내 자원을 사용해 해결하는 업무 경험밖에 없던 내게는 상당히 어려운 일이었다.

과제 해결형의
난제

광고 회사 덴쓰의 4대 회장인 요시다 히데오는 덴쓰의 기반을 확립하고 부흥시킨 인물이다. 광고계의 아버지로 불리는 그가 자신을 다잡기 위해 쓴 행동 규범으로도 유명한 사훈 〈귀십칙 鬼十則〉의 열 가지 항목 중 첫 번째는 '일은 스스로 만드는 것이며 주어지는 것이 아니다'라고 기술되어 있다.

그밖에도 '계획을 세워라' '마찰을 두려워하지 마라' '자신감을 가져라' 등의 가르침이 쓰여 있는데 왜 그중에서도 '일은 스스로 만들어내라'는 규범이 가장 먼저 나오는 것일까?

이유는 단순하다. 요시다 히데오 회장은, 그냥 **내버려두면 덴쓰가 틀림없이 과제가 자신에게 오길 가만히 기다리는 체질이 될 거라는 걸** 알고 있었던 것이다. 광고 회사가 과제 선행형 특성을 갖고 있기 때문이다.

이 점을 연역하면 왜 매스컴업계의 구조 변혁이 지지부진한 채 제대로 진척되지 않는 이유가 보인다. 덴쓰뿐만 아니라 광고업계에서 출세하는 사람은 자신에게 **주어진 미션만을 무사히 수행해온** 사람들이다. 과제 해결형을 지향한다고 말하면 듣기엔 그럴 듯하지만 한편으로는 **과제가 주어지지 않으면 아무것도 하지 않는 사람들**이라고 말할 수 있다.

광고업계 현장에서는 광고주나 광고 매체사가 질릴 정도로 끊임없이 과제를 제시한다. 광고 회사에서는 이렇게 주어진 과제를 확실히 해결한 사람이 출세해서 경영자가 되는데, 경영자가 되는 순간부터 아무도 과제를 던져주지 않는다. 그러면 이제 **스스로 과제를 어떻게 설정해야 좋을지 모르는** 상황이 벌어지는 것이다.

매스컴업계의 연례 보고서를 보면, 자신들의 과제가 무엇인지 전혀 파악하지 못하고 있다는 것을 잘 알 수 있다. 이는 앞서 말한 것처럼 구조적인 요인에서 비롯된 현상이다.

보수는 많을수록
좋은가

또 한 가지, 공격형 이직을 합리화하는 데 가장 중요시하기 쉬운 요건이 **보수**다. 그야말로 급여가 두세 배로 오를 기회가 눈앞에 다가오면 나머지 다른 조건에는 눈을 질끈 감고서 이직하고 싶은 심정이 드는 것은 누구나 마찬가지일 것이다.

하지만 한 번 더 일러두고 싶다. **급여라는 형태로 보수를 받으면 본래 좋아서 하던 일마저도 그 빛을 잃을 수 있다.** 이는 직업이 되면 취미도 싫어진다는 상투적인 교훈이 아니라, 동기 부여에 관련된 인간 본성의 문제다. 특히 지나치게 높은 보수는 자발적인 동기를 전멸시킬 염려가 있다.

음악 세계에서는 **아이에게 포상을 하면서 연습을 시켜서는 안 된다**는 철칙이 있다. 포상으로 꾀어 연습을 시키면 그 아이 자신이 내면에 품고 있는 악기에 대한 열정이나 실력이 오르는 재미와 같은 자발적 동기를 마비시킬 수 있기 때문이다. 악기 연주에 숙달되기까지는 매우 긴 시간이 필요하므로 자발적인 동기를 잃으면 절대로 제 것으로 만들 수 없다.

말콤 글래드웰은 저서 《아웃라이어》에서 '1만 시간의 법칙'이라는 개념을 설명하면서, 천재와 범인의 차이는 재능이 아니라 연습 시간에서 비롯되며 세계적인 수준의 연주가가

되려면 1만 시간의 훈련이 필요하다고 주장했다.

그리고 1만 시간을 연습한 아이들에게 나타나는 공통된 특징이 **연습을 즐기면서 한다**는 점이라고 강조했다. 천재라고 인정받은 아이들은 자발적인 동기를 바탕으로 즐기면서 연습하기 때문에 1만 시간이라는, 아득히 길게 느껴지는 시간을 연습에 투자할 수 있다고 한다. 하지만 이때 연습이라는 행위에 포상을 하면 자발적인 동기를 잃게 된다. 자발적인 동기를 잃은 이상 포상이 없어진다면 이 아이에게는 연습에 대한 동기가 전부 사라져 없어지므로 결국 1만 시간의 연습을 해낼 수 없다.

'양복점 주인과 악동'이라는 이야기도 이와 똑같은 심리 메커니즘을 근거로 하고 있다. 개구쟁이 아이들이 끊임없이 야유하고 빈정대는 바람에 늘 골머리를 앓던 양복점 주인이 어느 날 묘안을 떠올린다. 아이들이 장난칠 때마다 돈을 주기로 한 것이다. 이 말을 들은 아이들은 무척 기뻐한다. 자신이 좋아하는 일을 하면서 돈까지 받게 되었으니 왜 안 그렇겠는가.

그런데 아이들은 시간이 지날수록 차츰 불만을 터뜨렸다.

"이렇게나 야유를 퍼부었는데 받는 금액이 너무 적어요." 그러더니 마침내 이런 금액으로는 할 수 없다며 장난질을 그만둔다.

여기서 알 수 있듯이 자발적인 동기로 하던 행동에 보수를 지급함으로써 외부 환경이 동기가 되어 하는 행동으로 바뀐 것이다. **보수가 숙명적으로 갖고 있는, 동기에 관한 악영향**을 매우 날카로운 통찰에 기초해 이야기하고 있다.

커리어는 오랜 세월에 걸쳐 조금씩 쌓아가야 한다. 일시적으로 받는 비싼 대가에 혹해서 섣불리 이직할 경우, 당장 몇 년 동안은 자신의 한계를 초월해 노력을 끌어낼 수 있을지 모른다. 하지만 고액 보수라는 각성제가 없으면 동기 부여가 되지 않아 **그 후 커리어의 선택지를 오히려 좁힐 가능성이 있기 때문에** 주의해야 한다.

컨설팅업계에서 자주 입에 오르내리는 징크스가 있다. 컨설팅업계에서 출세한 사람은 그다음에 이직한 곳에서는 별로 신통한 실적을 내지 못하고, 오히려 컨설팅업계에 갓 들어온 초기 단계 때 일찌감치 떠난 사람이 다른 곳에서 훨씬 더 활약한다는 말이다.

징크스인 만큼 수많은 예외가 있어 딱히 믿기는 어렵지만, 이것을 고액의 보수라는 외부적 요인의 영향으로 움직이는 데 익숙해진 사람이 그 후 좀처럼 자발적인 구동력을 유지하지 못하고 침몰한다는 구조로 정리하면, 어떤 면에서는 진리라고 생각할 수 있다.

앞서 서술한 대로, 커리어는 오랜 세월에 걸쳐 조금씩 쌓이게 마련이다. 중요한 것은 자신이 스스로 구동하기 위한 자발적인 동기 부여를 유지하는 일이므로 보수와 성과의 균형을 맞출 수 있도록 신경 써야 한다.

> **돈은 충실한 하인이다. 반면에 못된 주인이기도 하다.** 토머스 칼라일

중요한 것은
보수와 성과의 균형

약간 옆길로 새는 느낌이 있긴 하지만, 보수와 성과의 균형에
관해서 나의 경험을 잠깐 설명하려고 한다. 내가 광고 회사 덴
쓰를 퇴사한 데는 크게 두 가지 이유가 있었다.

한 가지는 아주 알기 쉬운 이유로, **덴쓰가 그때까지 기반해**
오던 비즈니스 모델이 가까운 시일 내에 무너질 거라고 생각
했기 때문이다. 졸저《구글을 이기는 광고 모델グーグルに勝つ
広告モデル》에서도 소개했는데 여기서 간단히 설명해보겠다.

광고 회사는 TV나 신문 같은 매체에 의해 생산된 어텐션
Attention처음 소비자와의 만남에서 '관심 또는 이목을 끄는 것'을 의미하는 광고업계 용어
을 도매로 판매하는 유통 비즈니스이므로 어텐션의 생산량
이 급격히 증가해 단가가 하락하면 매우 난처해진다.

19세기 말부터 20세기 초에 걸쳐 다이아몬드의 공급량이
급격히 증가하자 그 결과 다이아몬드업계의 수익이 대폭 떨
어져 악화되었던 현상과 같은 구조라고 할 수 있다. 다이아
몬드 비즈니스의 최대 성공 요소는 **희소성의 유지**에 있는데
광산 개발 경쟁이 치열해진 탓에 공급 과잉 현상이 발생하여
희소성을 유지할 수 없었기 때문이다.

결국 남획으로 인해 다이아몬드의 가격이 언젠가 수정水晶

보다도 저렴해질 것이라는 말이 돌 정도로 폭락했다. 이때 드 비어스De Beers영국 런던에 본사를 둔 다이아몬드 채광, 유통, 가공, 판매 회사가 로스차일드가家에게 자금을 후원받아 세계 제일의 다이아몬드 산지인 남아프리카공화국 킴벌리 지구의 광산 회사를 전부 매수하고 카르텔동일 업종의 기업이 경쟁의 제한 또는 완화를 목적으로 가격, 생산량, 판로 등에 대해 협정을 맺는 것으로 형성하는 독점 형태을 형성해 공급량을 제한함으로써 다이아몬드의 희소성을 회복하는 데 성공했다.

이때 카르텔 형성을 지휘한 사람이 독일 출신의 광산 사업가 에르네스트 오펜하이머였다. 그는 다이아몬드 **시장의 안정성을 도모하기 위해 인위적으로 과잉 상품을 희소 상품으로 바꾸겠다**는 확고한 방침을 내세웠다. 한마디로 **공급량을 조절하여 가치의 유지를 꾀한** 것이다.

현재 미디어 세계에서 일어나고 있는 현상이 바로 이와 같다. **정보량이 폭발적으로 증가했기 때문에 어텐션의 가치가 무너지는 것이다.**°

드비어스사는 카르텔을 형성함으로써 가격 통제를 가능하게 했는데, 이는 다이아몬드를 생산하는 곳이 광산이라는 물리적인 한정성을 지닌 자원이기 때문이다.

지금 미디어 세계에서 어텐션을 만들어내고 있는 광산은 인터넷이라는 무한한 자원이므로 오펜하이머가 실행한 것처럼 통제하기는 어려울지도 모른다.

　　광고 회사는 희소한 어텐션을 독점해서 성립하는 수수료 비즈니스이므로 만약 과잉 상태가 된다면 비즈니스 모델이 무너지는 건 불 보듯 뻔하다고, 당시 나는 그렇게 판단했던 것이다.

공급량의 과잉에 따른 가치가 무너진 것이므로 공급량을 증가시켜도 상황은 개선되지 않는다. 그런데 오늘날의 미디어 비즈니스 관계자는 어쨌든 새로운 광고 미디어를 증가시킴으로써 광고 시장을 활성화하려고 한다. 이 전형적인 사례가 전자 간판 Digital Signage인데, 앞서 설명한 이유로 이 전략은 결국 성공하지 못할 것이다. 광고 시장은 경기 감응도가 상당히 높아서 아무리 광고 미디어를 증가시켜도 일본 전체의 GDP, 특히 소비 지출이 증가하지 않는 한, 광고 시장은 확대되지 않는다.

대개 어림잡아 현재 일본의 소비자는 하루에 수백, 아니 수천 건이나 되는 광고를 접하고 있기 때문에 광고 미디어와 접촉 횟수를 증가시켜도 소비의 자극이라는 측면에서의 한계 효용은 거의 기대할 수 없다. 쉬운 비유로 매일 러브레터를 500장씩 받고 있는 상황에서 러브레터를 5장 더 보낸다 해서 데이트를 받아줄 가능성은 매우 낮다. 근시안적으로 보면 일시적으로 일부 미디어에서 광고 매출이 증가할지는 몰라도 결국은 다른 미디어에 투하되는 광고 예산을 잠식할 뿐이므로 광고 시장 전체의 규모는 확대되지 않는다. 시장이 확대되지 못한 채 광고 미디어만이 증가하는 셈이 되어 광고 미디어 하나의 매출은 떨어지지만, 한편으로 광고 미디어가 늘어나는 데 따른 업무 처리 비용은 비례하여 증가하므로 수익성은 점점 더 악화된다. 즉, 경기가 회복되지 않은 상태에서 무작정 광고 미디어를 증가시키면 업계의 수익성이 개선되기는커녕 오히려 악화할 가능성이 높다.

업계 관계자가 지금 고민해야 할 과제는 광고의 과잉 공급을 억제하고 소비 자극 효과를 향상시켜 광고 단가를 올리고 광고 시장의 규모를 같은 정도로 유지하면서 업무 효율을 향상시켜 수익을 개선하는 일이다.

끝없는
헛수고

내가 광고 회사 덴쓰를 퇴사한 두 번째 이유는 **내가 하는 일에
대해 제대로 대가를 받고 싶었기** 때문이다. 이 점에 관해서는
조금 설명할 필요가 있다.

덴쓰는 수익의 대부분을 미디어 거래 수수료로 얻고 있다.
광고 매체사를 대리해서 TV나 신문 방송 광고를 광고주에게
판매하고 매출에 상응하는 대행 수수료를 받는 비즈니스 모
델이다. 덴쓰에서 영업 담당과 마케팅 기획자는 말도 못하게
바쁜데 이는 기본적으로 다양한 광고에 따른 부대 서비스를
무료로 제공하기 때문이다. "저희 덴쓰에 광고 거래를 맡겨
주시면 광고에 관련된 다양한 부대 서비스를 제공해드리겠
습니다" 하는 식으로 계약이 이루어지므로 부대 서비스는 덤
이다. **서비스의 대가를 받지 않는** 거래는 바람직하지 못하다.

'시지프스의 바위'라는 이야기가 있다. 사흘이 지나면 저
승으로 돌아와 구해주겠다는 페르세포네와의 약속을 지키지
못한 시지프스는 거대한 바위를 산 정상까지 밀어 올려야 하
는 형벌을 받는다. 그런데 이 바위에는 저주가 걸려 있어서
정상 바로 아래까지 도달하는 순간 반드시 다시 굴러 떨어지
고 만다. 시지프스가 이 고행을 영원히 반복하게 되었다는 그

리스 신화다. 일본의 '사이노 가와라賽の河原'저승으로 가는 길에 건넌다는 삼도천에서 죽은 아이가 부모의 공양을 위해서 돌을 쌓아 탑을 만들지만 귀신이 계속 부순다는 내용와 같은 이야기로, **끝없는 헛수고**를 의미한다.

이들 이야기처럼 광고 회사에서 제공하는 서비스도 끝이 없다. **두뇌 노동을 무료 제공하는 구조**로 이루어져 있기 때문이다. 무료로 제공하는 구조라도 만약 형태가 있는 제품을 제공하는 거라면 어쨌든 일은 한번에 끝난다. 하지만 두뇌 노동은 눈에 보이는 확실한 납품물이 없는 데다가 회사에서든 집에서든, 심지어는 술자리에서든 어디서든 일할 수 있다.

결국 **두뇌 노동을 무료로 제공하는 구조는 그에 관련된 사람들의 인생을 바치는 것**이나 다름없다. '사이노 가와라'에서는 마지막에 지장보살이 나타나 구해주지만 회사에는 그러한 안전장치도 없다. 개인차가 있을지 모르지만, 내게는 무척 거부감이 느껴졌다.

행복의 기술로서의
노동

이는 궁극적으로 **노동에 의한 행복에 관련해서 나타나는 문제**다. 약간 본론에서 벗어나지만 중요한 이야기이므로 설명해보겠다.

세상에는 다양한 '3대 ○○'가 있다. 행복론에도 **세계 3대 행복론**이 있다. 러셀의 행복론, 알랭의 행복론, 그리고 힐티의 행복론인데 희한하게도 세 사람 모두 19세기 인물이다. 왜 19세기에 갑자기 행복에 관한 논의가 활발해졌을까?

물론 그 이전에도 행복을 주제로 한 고찰이나 서적이 없었던 것은 아니지만 '행복이란?' 하는 논제에 초점을 맞춘 논의가 19세기에 표면화되어 일어났다는 사실은 매우 흥미롭다. 19세기는 산업 혁명을 거쳐 생활 수준이 급격히 향상된 시기이므로 그 이전 시대와 비교해서 확실히 살기 편한 시대가 되었기 때문이다. 다시 말해, 전 시대에 동경하던 삶을 많은 사람이 실현하게 된 것이다. 평안한 시대에 행복론이 사회적으로 활발히 논의되었다는 것은, **많은 사람이 행복이 뭔지 모르겠다고 느꼈다는** 의미다.

산업혁명을 거쳐 사회 전체가 풍요로워지고 과거 사람들이 그렇게나 바라던 안전하고 풍요로운 생활, 즉 기본적인 욕구

가 실현되었는데도 여전히 행복을 느끼지 못하는 까닭은 무엇일까? 여기에 행복이란 과연 무엇인지를 생각할 수 있는 열쇠가 있다. 그 열쇠 가운데 하나가 바로 '일'이다.

세계 3대 행복론의 내용은 저자의 환경과 상황의 차이로 인해 각각 다르겠지만 공통점이 몇 가지 있다. 그중 가장 중요한 것은 **일하는 행복을 소중히 여기고 있다**는 점이다. 어느 책에서든 일을 하지 않고 놀며 지내는 것은 불행이며 **행복해지기 위한 가장 중요한 요건으로 '일하는 것'이 중요하다고 강조하고 있다.**

모두 호화롭고 근사한 일을 하면서 행복해지라고 하는 게 아니라 '일주일에 6일은 밭에 나가 아침부터 밤까지 일하기'를 권하고 있다. 어감상으로는 오히려 노동이라고 하는 편이 의미가 가까울지 모르겠다.

3대 행복론이 공통적으로 시사하고 있는 내용은 직함이나 사회적 지위가 중요하다는 말이 아니다. **세상에 확고한 가치를 제공하고 다른 사람에게 도움이 되며 자신을 필요로 하는 곳이 있다고 실감하는 것, 이런 일들이야말로 정신 건강을 유지하는 데 필요하다고 강조한다.** 이는 앞서 말한 대가를 받지

않는 일과도 이어진다. 대가와 노동이 제대로 연결되지 않으면 그것이 아무리 수익이 좋은 일이라고 해도 마음의 평안을 유지하기 어려울 것이다.

노동이 가져다주는 행복감의 본질이 누군가에게 도움이 되고, 그에 대해 감사를 받고, 가치를 제공하고 있다는 실감에서 비롯된다면 급여의 액수만을 좇기보다는 **진정한 노동을 할 수 있는 곳을 선택하는 것**이 인생을 행복하게 걸어가기 위한 핵심 요소가 아닐까.

> **인간이 행복하기 위해서 피할 수 없는 것, 그것은 노동이다.**
> 레프 톨스토이

5

이직 후의
마음 변화에 어떻게
대처할 것인가

감정 주기
곡선

감정 주기 곡선 Emotional Cycle Curve**은 변혁기의 조직 심리 변화 과정에 대한 개념**으로 원래는 미국의 싱크탱크인 맥그룹이 제창했다.

큰 변혁 프로젝트가 시작되면 대개는 프로젝트팀의 사기가 상당히 높아진다. 프로젝트 구성원으로 뽑혔다는 자부심, 프로젝트의 결과와 목표 비전에 대한 흥분으로 한껏 벅차오른다. 그런데 프로젝트가 진행됨에 따라 다양한 장애물이 부각되기 시작한다.

처음에는 가능하다고 생각했던 일이 나중에 불가능하다고 판명되기도 하고 정밀하게 시뮬레이션을 해보니 당초 생각했던 것만큼 효과가 크지 않다는 사실이 드러나기도 한다. 게다가 초창기에 프로젝트에 찬성했던 핵심 인물이 각 논의 단계에서 배신하는 일마저 벌어지기도 한다. 이러한 사태에 직면해 프로젝트가 암초에 부딪히면 당초 상승 곡선을 그렸던 감정 주기 곡선이 하강 국면으로 들어선다.

이 저기압 상태는 정도의 차이는 있지만 **변혁 프로젝트에서 항상 나타나는 현상**이다. 변혁을 여러 번 경험한 사람에게는 늘 있는 일이며, 이 고비를 넘기면 감정 주기 곡선이 다

시 상승 곡선으로 바뀌고 프로젝트는 무사히 목표에 도달한다. 하지만 변혁 프로젝트의 경험이 적으면 이 저기압 상태에서 전혀 앞을 내다보지 못해 프로젝트를 그대로 실패로 끝내는 경우가 많다. 프로젝트 중단 사태는 대개 이 저기압 상태를 낙관적으로 극복하지 못해서 발생한다.

반면 변혁 프로젝트를 여러 번 경험한 매니저에게 이것은 일종의 볼거리_{유행성이하선염 바이러스 감염에 의해 고열과 부종이 나타나는 질환}와도 같은 것으로 **열의와 낙관주의 자세로 대처하면 뭐 어떻게든 잘되겠지!** 하는 정도로 극복할 수 있다.

이 감정 주기 곡선을 개인에게 적용해보면 **이직한 후에 겪는 심리 변화 과정과도 흡사하다**는 것을 알 수 있다. 우선 이직한 직후에는 기쁨과 기대로 한껏 기분이 좋아져 감정 주기 곡선이 상승 곡선을 그린다. 새로운 동료와 새로운 명함, 새로운 사무실, 그리고 경우에 따라서는 더욱 두둑해진 급여로 인해 마음이 설레는 시기다. 이 고양감은 짧은 사람은 대략 2~3개월, 긴 사람은 반년 정도 지속된다.

그런데 시간이 지날수록 애초 생각했던 것과 다른 면이 하나둘씩 보이기 시작한다. 채용 때에는 저자세였던 회사 사람

들도 일단 조직의 동료나 상사가 되면, 언제까지나 손님처럼 대우해주지 않는다. 경력직으로 입사한 경우 어느 정도 시간이 지나면 조직에서 바로 성과를 기대하게 된다.

입사한 뒤에 비로소 보이는 현실의 상황과 문제로 인해 당초의 기대나 상상이 무너져 당황하는 현상을 커리어론 세계에서는 **리얼리티 쇼크**라고 부른다. 리얼리티 쇼크에는 **일에 대한 리얼리티 쇼크와 조직에 대한 리얼리티 쇼크** 두 종류가 있다.

일에 대한
리얼리티 쇼크

일에 대한 리얼리티 쇼크에 관해 설명해보자. 이는 쉽게 말하면 **이런 일이라고는 전혀 생각하지 못했다며 당황**하는 경우다.

누구나 이직할 때는 접해보지 못한 회사의 새로운 일에 관해서 이런저런 꿈을 부풀리게 마련이다. 만약 광고 회사로 이직한다면 유명 연예인을 기용한 TV 광고 촬영 현장에 참가하는 자신의 모습을 그려보기도 할 것이고, 컨설팅 회사로 이직한다면 고층 빌딩의 최고층에 있는 회의실에서 거래처 임원에게 글로벌 전략에 관해 유창하게 프레젠테이션하고 있는 모습을 꿈꿀지도 모른다.

하지만 머릿속에 그리던 일을 실제로 하는 경우는 거의 없다고 봐야 한다. 광고 회사에서 맡은 첫 업무가 민영철도 계열 슈퍼마켓의 바겐세일 광고 팸플릿 제작이나 단순한 자료 수집일 수도 있고, 컨설팅 회사에서 담당하게 된 첫 번째 일이 고층 빌딩의 맨 지하층에 있는 집배 센터에서 통계 분석용 배송 전표 1년치를 정리해 엑셀 프로그램으로 밤새 입력하는 작업일 수도 있다.

잡무의
효용

하지만 이러한 작업이 반드시 무의미한 일은 아니다. 민속학 세계에서 말하는 **이니시에이션**Initiation, **즉 통과 의례**의 일종 이라고 생각하자. 가장 이해하기 쉬운 요리사 세계를 사례로 들어보겠다.

요리사 세계에 들어온 사람 가운데 설거지하는 게 너무 좋다거나 바닥 청소를 할 때 가슴이 설렌다는 사람은 거의 찾아볼 수 없다. 모두 하루빨리 주방에서 칼을 쥐고 손님에게 낼 요리를 만들고 싶어할 것이다. 그렇지만 처음에는 요리를 만들기는커녕 부엌칼을 손에 쥘 기회조차 없다.

일식 요리사 세계에서는 청소나 잡일을 하는 사람을 **오이 마와시**追い回し라고 부르는 관습이 있는데 이는 스승이나 선배에게 잡일만 지시받아 일에 쫓긴다는 어원에서 비롯된 말이다. 이 시기에는 부엌칼을 쥘 수도 없거니와 갑자기 필요해진 식재료를 사러 간다거나 설거지, 가게 청소 등 잡일만 도맡는다. 잡일만 하고 있으면 요리 솜씨가 늘지 않을 거라고 생각할지도 모르지만 사실은 **잡무에도 효용**이 있다.

주변에서
핵심으로

캘리포니아대학교의 인류학자 진 레이브와 에티엔 웽거는 양복재단사 도제 제도를 토대로, 신입 사원이 직장에 들어와 다양한 일을 배우는 모습을 **합법적 주변 참여**Legitimate Peripheral Participation라는 말로 설명했다.

합법적 주변 참여는 합법적인 한 사람의 직장인으로서 주변, 즉 **핵심 업무가 아닌 주변 영역의 일부터 참여하여 핵심 영역의 업무에 필요한 지식을 조금씩 학습해나간다**는 사고방식이다. 합법적 주변 참여라는 사고방식에서는 직장에서 이루어지는 학습이 학교 교육에서의 학습과는 달리, 일방적으로 가르치고 배운다는 의미가 아니다. 직장에서 실시되는 교육은 직접 업무 활동을 하면서 직장이나 일의 가치와 규범도 동시에 배워나가는 것으로, 자신과 직장 환경과의 상호 작용에 의해 달성된다.

그리고 이러한 활동을 거듭하면서 직장에서의 정체성을 확립하고 최종적으로는 주변적인 참여에서 핵심 영역의 업무로 접근해 한 사람 몫의 합법적 참여가 가능해진다.

합법적 참여 시점에서 양복 재단사나 요리사의 도제 제도를 보면 수행 시절에 신입이 무엇을 배우는지를 알 수 있다.

분명 요리는커녕 부엌칼도 쥘 수 없는 상황에서 요리 솜씨가 숙달될 리 없다. 하지만 요리사 곁에서 잡무를 맡아 하는 과정에서 요리가 어떠한 순서로 만들어지는지, 손님에게 요리를 내갈 때 무엇을 신경 써야 하는지, 또는 어떤 식자재가 신선도가 높은지 등의 기술과 지식을 스승이나 선배의 행동과 말에서 직간접적으로 듣고 시험해보면서 배우게 된다. 이 견습생 시절에 신뢰를 얻으면 서서히 실제 업무를 맡게 되고 더욱 깊고 다양한 기술을 몸에 익힐 수 있다.

온통 잡무만 맡아 하면서 정말로 하고 싶은 일은 이런 게 아니었다고 탄식하는 모습을 이직 직후에 많이 볼 수 있지만, 한편으로는 **잡무나 사소한 일 속에 선배들이 활약하고 있는 중요한 일의 진수가 감춰져 있다.**

조직에 대한
리얼리티 쇼크

지금까지 리얼리티 쇼크 중에서 일에 대한 리얼리티 쇼크를 고찰해보았다. 이번에는 조직에 대한 리얼리티 쇼크를 설명하려고 한다.

조직에 대한 리얼리티 쇼크는 쉽게 말하면, **사풍이나 가치관의 차이에 근거한 실망과 당혹감**이다. 이직하고 얼마 안 있어 이전 직장에서 업무를 처리하던 방법이나 가치관, 사물에 대한 사고방식이 조금씩 차이가 보이기 시작하고 기대로 들떴던 고양감은 불안과 스트레스로 바뀌어간다.

만약 상사와 부하의 관계가 수평적인 회사에서 일하다가 권위적인 분위기의 회사로 옮겼다면 스트레스 강도가 매우 높을 것이다. 또한 팀의 화합을 중시하는 문화가 중심이었던 회사에서 개인의 매출 책임을 중시하는 회사로 옮기면 이 또한 스트레스가 더 커질 것이다. 반대로 잔뜩 긴장하고 입사했는데 생각보다 조직이 이완되어 있어 오히려 긴장이 풀어지는 데서 리얼리티 쇼크를 받을 수도 있다.

하강 추세는
오래 계속되지 않는다

이직했을 때는 어느 쪽 쇼크든지 간에 **리얼리티 쇼크가 반드시 발생한다**고 생각하면 거의 틀림없다. 리얼리티 쇼크를 몇 번 경험하면 입사 때부터 상승 곡선을 그리던 감정 주기 곡선이 이제는 하향 국면으로 들어서기 시작한다.

이 시기에 무척이나 많은 사람이 선택을 잘못했다고 후회하며 애써 들어간 회사를 그만두는데, 이는 너무나 아까운 일이다. **하강 국면은 그리 오래 계속되지 않기** 때문이다.

주기 곡선이란 주기적으로 변동한다는 뜻이므로 고양감이 줄곧 지속되는 일도 없고 폐색감이 영원히 계속되지도 않는다. 일이란 모두 이 **두 감정 사이를 주기적으로 움직이게** 마련이라고 알아두면 된다. 따라서 이직한 뒤 얼마 지나서 울적해지기 시작하면 감정 주기가 하강 곡선으로 들어섰구나 하고 이해하길 바란다. 자신의 감정 상태를 정확하고 객관적으로 이해하면 패닉을 가장 효과적으로 방지할 수 있다.

반대로 가장 바람직하지 못한 방법은 '원래 생각한 그런 회사가 아니었어, 여기는 내가 일할 곳이 못 되니까 그만둘 거면 하루라도 빨리 그만두고 이력서에 공백 기간을 만들지 말자' 하고 성급하게 결론짓고는 덜컥 사표를 내는 일이다.

이런 과정을 반복한다면 인간적으로도 경력 면에서도 결코 발전할 수 없다. 게다가 애초에 감정 주기 곡선이 하강 국면으로 들어섰다는 것은 심리적으로도 체력적으로도 에너지 수준이 낮다는 뜻이므로 그런 시기에 이직 활동을 한다 해도 **본래 자신이 갖고 있는 잠재 능력을 제대로 발휘하지 못하는 경우가 많다.**

그러면 감정 주기 곡선의 하강 추세에서 가능한 한 빨리 빠져나오려면 어떠한 중요 요소를 명심해야 할까. 세 가지 핵심 요소로 살펴보자.

오픈
마인드

무엇보다 중요한 것은 **오픈 상태**여야 한다는 사실이다. 오픈한다는 것은 받아들인다는 뜻이다. 앞서 말했듯이 이직 직후에 감정 주기 곡선을 하강하게 하는 직접적인 요인으로는 크게 일의 리얼리티 쇼크와 조직의 리얼리티 쇼크가 있다. 그중에서 조직의 리얼리티 쇼크를 극복하려면 자신이 **속한 조직에 배어 있는 문화와 가치관을 우선 받아들여보자.** 마음을 열어야 한다.

조직의 리얼리티 쇼크는 다양한 측면에서 발생한다. 가치관과 상하 관계, 책임 의식의 강약이나 부서 간의 원활한 소통, 남녀 비율과 그 활용 방법의 차이 등 기업 내 무형적인 측면에서 발생할 수 있는 모든 요소로, 이직자는 **예전 직장과의 차이로 큰 거부감**을 느낄 가능성이 있다.

이직한 직후에 고양감이 아직 남아 있는 시기는 약간의 거부감이 오히려 신선하게 느껴지고 심리적으로 긍정적인 작용을 하기도 하지만 일단 뭔가 삐걱거리면 부정적인 요인으로 작용하기 시작한다. 이는 **예전에 일하던 방식이 더 좋은데** 하는 의식이 비집고 나와 자신을 지키려 하기 때문이다.

이 주기로 들어서면 조직에 동화해야 할 중요한 시기인 감

정 주기 곡선의 하강 국면에서 자신을 이질적인 존재로서 눈에 띄게 하는 방향으로 내달릴 위험성이 있다. 그래서 마음을 열고 차츰 받아들이라고 권하는 것이다.

> **"이것이 맨 밑바닥이다"라고 말할 수 있는 동안은 결코 밑바닥이 아니다.** 셰익스피어 《리어왕》

옛날 일은
잊자

감정 주기 곡선의 하강 국면에서 벗어나기 위한 두 번째 핵심 방법은 **잊는** 것이다. 무엇을 잊어야 할까? **과거의 아름다운 추억**이다. 곡선이 하강 국면으로 들어서면 예전 직장에서의 일이 뚜렷이 잘 보인다. 이런 상황이 반드시 닥쳐오는데, 마치 헤어진 연인이 꿈에 나타나 애절한 마음이 드는 것과 같다.

일이나 직장은 다양한 측면을 지니고 있기 때문에 비교하면 전 직장의 좋은 점 두세 가지는 바로 튀어나온다. 이 좋은 점들이 새로운 회사와 비교되어 필요 이상으로 부각되면 이직하길 잘한 걸까 하는 의심이 슬며시 고개를 처든다.

한번 시작된 의심이 머리를 떠나지 않는 것도 감정 하강 곡선을 그리는 시점에서 나타나는 특징이다. 이때는 잊는 것이 중요하다. 잊는다고 해도 정말로 머릿속에서 없애는 것은 아니다. 옴진리교1984년에 창설한 신흥 종교 단체로, 1995년 도쿄 지하철에서 독가스를 방출해 교주 및 교단 간부들이 사형 선고를 받았다에서는 신자의 머릿속에서 불필요한 기억을 제거하려고 전기 충격을 가하기도 했다지만 여기서 잊는다는 것은 그런 의미가 아니다. 다른 말로, '**끝낸다**' 또는 '**결론을 매듭짓는다**'는 것이다.

무언가가 끝나야
무언가가 시작된다

'잊는다'는 핵심 단어의 중요성을 전환기를 어떻게 극복할까 하는 시점에서 독창적으로 해석해서 보여준 인물이 미국의 임상 심리학자 윌리엄 브리지스다. 그는 인생의 전환기나 중요한 고비를 극복하는 데 어려움을 겪는 사람들에게 집단 요법이라는 테라피를 실시했다.

한 사람 한 사람의 전환 체험이 모두 독특해서 일반화하기는 어려우며 내용 또한 천차만별이다. 하지만 전환기를 무사히 극복하지 못한 경우를 꼽아 살펴보면 거기에는 일정한 패턴이나 반복해서 보이는 과정이 있다는 사실을 그는 깨달았던 것이다.

또한 브리지스는 전환기를 현명하게 뛰어넘기 위한 단계를 종결(지금까지 계속되어온 무언가가 끝나다)→중립 지대(혼란과 고뇌, 망연자실)→새로운 시작(무언가가 시작되다)이라는 세 가지 단계로 설명했다.

전환기는 단순히 무언가가 시작되는 것이 아니라 오히려 무언가가 끝나는 시기라는 의미다. 거꾸로 말하면 무언가가 끝남으로써 비로소 새로운 무언가가 시작된다고 강조하는 것이다. 그런데 사람들은 대부분 후자의 시작에만 주목하고 대

체 무엇이 끝났는지, 무엇을 끝내야 하는지, 종결에 대한 물음에는 제대로 고민하지 않는다. 또한 전환기가 중요하면 중요할수록 TV 채널을 탁탁 돌리듯이 '종결'에서 '개시'로 한순간에 돌릴 수는 없다.

브리지스는 모든 전환기가 '끝'에서 시작된다고 강조한다.

이때 중요한 것이 **중립 지대**다. 얼핏 이도 저도 아닌 모호한 단계로 보일지 모르지만 이 과정은 결코 소극적인 영역이 아니라는 점을 명심하길 바란다. 지금까지 익숙해진 것, 그리고 차츰 사라지는 걸 주시하고 그것이 없어도 잘해나갈 수 있도록 과거를 통합하면서, 설레는 동시에 불안도 움트는 새로운 세계로 마음을 조금씩 향해가는 중요한 시기다.

이 시기가 긴 사람이 있는가 하면 짧은 사람도 있을 것이고, 끝내고 시작하는 것을 어렵게 여기는 정도 또한 사람마다 크게 다를 것이다. 우선 일반적인 관점에서는 연령이 높아지면 높아질수록 어떤 일을 끝내기도, 새로 시작하기도 점점 어려워진다. 물론 같은 연령대라도 개인의 성격이나 그때까지의 경험에 따라서 다 다르다.

일본 센고쿠시대15세기 후반부터 16세기 후반까지 군웅이 할거하여 사회, 정치적

변동이 계속된 내란의 시대의 혼란을 종식시키고 일찌감치 소총을 도입한 오다 노부나가, 그리고 막부 말기의 가쓰 가이슈와 사카모토 료마는 모두 전형적으로 종결과 시작을 쉽고 단호하게 실천한 인물이라고 할 수 있다.

대개 그때까지의 성공 체험이 크고 강렬할수록 그 경험과 사고에서 빠져나오기는 어렵다. 이를 **성공의 복수**라고 부르기도 한다.

속도와 정확도의
균형 문제

나도 광고 세계에서 컨설팅 세계로 옮길 때 상당히 쓰라린 경험을 맛보았다. 광고와 컨설팅, 두 직업은 팀 단위로 기획하는 접근 방법이라든가 '전략'이나 '표현' 같은 성과물의 공통점으로 인해 비슷하다고 착각하는 경우가 많다. 하지만 비슷한 면은 그뿐이고 각각 요구되는 마인드세트와 기술은 전혀 다르다. 이 점이 실로 방심할 수 없는 중요한 핵심 사항이다.

겉으로 보기에 비슷한 만큼, 전 직장에서 익숙하게 하던 업무 방식에서 벗어나지 못하는 바람에 좋은 성과를 내지 못하고 얼마 못 가 좌절하는 사람이 허다하다. 광고 회사 출신은 컨설팅업계에서는 성공하지 못한다는 말이 공공연히 돌 정도인데, 나는 그 가장 큰 원인이 **작업의 외형적인 유사성**에 있다고 생각한다. 구체적인 차이를 몇 가지 꼽아보겠다.

한 가지 눈에 띄게 다른 점은 **기획 단계에서의 속도와 정확도의 균형 문제**다. 앞서 서술했듯이, 매스컴 관련 일은 작업 현장에서 발생하는 실수가 직접적으로 사회에 대한 영향으로 나타나는 반면에, 다루고 있는 업무 규모는 비교적 작으므로(기껏해야 수억 엔 정도의 캠페인이다), 시간을 오래 들이더라도 100점의 정확도가 요구된다. **속도보다 정확도가 우선시되**

는 것이다.

이에 비해 컨설팅 일은 경영기획실이나 임원실, 사장실이 주요 무대라서 그곳에서 실수가 생겨도 사외에 당장 영향을 미치지는 않는다. 반면에, 취급하는 업무의 내용은 고잉 컨선 Going Concern 영원히 계속된다는 것을 전제로 한 조직으로서 기업의 사활을 건 방향성을 좌우하는 안건들이다. 가령 사업의 매수나 매각, 조직 개편, 구조 조정같이 중대한 사안이 많기 때문에 **천천히 시간을 들여서 검토하는 자체가 최대의 리스크**가 될 수 있다.

이때는 100점을 얻기 위해서 100시간을 들이기보다는 최소한 오른쪽인지 왼쪽인지를 판단할 수 있는 분석 결과를 30시간 이내에 내놓고 정확도는 그 후에 높여가는 접근법이 필요하다.

그런데 광고 회사에서 경험을 쌓아온 사람, 특히 크게 활약했던 사람일수록 이 우선순위를 바꾸기가 좀처럼 쉽지 않다. 광고 회사 출신자가 컨설팅업계로 옮기고 나서 좌절하는 첫 번째 요인이 바로 여기에 있다.

실현 가능성의
문제

두 번째로 짚고 싶은 요인은 **실현 가능성의 문제다.**

앞서 서술한 것처럼 광고 회사 덴쓰는 지혜가 아니라 실행으로 돈을 버는 회사이므로 최종적인 실행 가능성이 보장되지 않으면 기획을 입안할 수 없다는, 상당히 위험 기피적인 성격을 지니고 있다.

반면에 컨설팅 회사에서는 '만약'을 전제로 한다. 즉, '만약 ○○가 가능하다면' 하고 문제를 풀어나가기 때문에 실행 가능성이 꼭 보장되지 않아도 문제 해결의 논리로서 효과적이면 우선은 제안을 하는 구조로 이루어진다.

이 점 또한 광고 회사 출신자에게는 극복하기에 만만치 않은 매우 어려운 요소다. 극단적으로 말해서, 이전 직장이라면 질책당할 것이 분명한 제안 내용을 만들어내라는 지시를 받는 셈이니, 지금까지 활약해온 사람일수록 이러한 사고와 행동의 전환이 어려울 수밖에 없다.

권위를 다루는
방법의 문제

마지막으로 지적하고 싶은 요소는 **권위를 다루는 방법**이다. 광고 회사는 과제 해결을 할 때 주로 사외의 권위를 활용한다. '○○대학교의 ××교수는 이렇게 말한다, 따라서……'의 설득 방법이다.

이 방법은 광고 회사뿐만 아니라 어떠한 직장에서나 흔히 볼 수 있다. 자신 이외에 권위 있는 인물의 의견을 충분히 활용함으로써 자신들에게 유리한 인식perception을 관계자 내에 만드는 접근법은 전술로서는 상당히 효과적이다. 또한 자신들이 설득할 근거 자료를 만들어내지 못하는 사람들이 권위에 의지하려고 하는 것은 그들의 입장에서 생각하면 얼마든지 공감할 수 있다.

반면에 컨설팅업계에서는 **권위에 대한 안이한 의존을 강하게 경계한다.** 고객이 부여한 문제에 관해 가장 큰 권위를 갖고 있는 존재는 바로 자신이라고 생각하기 때문이다. 외부 권위에 대한 논고는 능숙하게 사용하면 아웃풋의 가치를 높여줄지도 모르지만, 반면에 그 문제에 관여한 사람들을 집단적인 사고 정지 상태에 빠뜨릴 위험성도 내포하고 있다.

컨설턴트가 중요하게 여기는 것은 **사실**과 **논리**밖에 없다.

아무리 세계적으로 권위 있는 의견과 논고라도 사실과 논리를 바탕으로 한 자신의 의견보다 뒤떨어진다고 여긴다. 이 마인드세트로 바꾸기 어렵다는 점을 쉽게 이해할 수 있을 것이다.

나의 경우, 이 세 가지 함정에 모두 보기 좋게 빠지고 말았다. 하지만, 다행히도 무척 운이 좋아서 마침 나처럼 세 가지 함정에 빠졌다가 가까스로 벗어난 경험이 있는 매니저를 만났고 그에게 철저한 훈련을 받아 위기 상황에서 빠져나올 수 있었다.

컨설턴트가 된 지 3개월쯤 지났을 때였는데, 이 세 가지 관점에 관한 거부감 때문에 이러지도 저러지도 못하는 곤경에 빠진 나는 매니저에게 "당신이 일하는 방법은 완전히 잘못되었다" 하며 대든 적이 있었다.

그렇다면 어디가 어떻게 잘못되었는지 둘이 어디 한번 철저하게 파헤쳐보자 하고 대립하는 상황까지 치달아 결국 그 대화는 정오부터 무려 새벽 2시까지 이어졌다. 그리고 마침내 내가 뇌 회로를 고치지 않는 한 이 업계에서는 일할 수 없겠구나 하고 깊이 깨닫는 단계에서 대화가 끝났다.

마침 이 시기에 벌어진 매니저와의 사건 덕분에 지금까지 해온 업무 방식은 여기서는 전혀 통하지 않겠구나, 처음부터 다시 시작하자 하고 마음을 굳게 먹었던 일은 지금에 와서 돌이켜보면 무척 행운이었다는 생각이 든다.

> 지난 일은 후회해도 소용없잖아? 눈이 왜 앞에 달려 있다고 생각해? 앞으로 나아가기 위해서야. 도라에몽

19세기에 활약한 프랑스 작가 귀스타브 플로베르의 작품 중에 《성^聖 앙투안의 유혹》이라는 소설이 있다. 어느 추운 겨울날, 눈이 내리는 거리를 지나던 성자가 심한 피부병에 걸린 채 길가를 서성이는 걸인을 발견한다. 이를 가엾이 여긴 성자는 가까이 다가가서 자신이 입고 있던 외투를 벗어 걸인에게 걸쳐준다. 그런데 이 걸인은 계속 춥다면서 옷을 더 달라고 한다. 할 수 없이 성자는 입고 있던 옷을 벗어 걸인에게 입혀주지만 걸인은 한층 더 추위를 호소한다.

결국 성자는 하의마저 벗어서 걸인에게 주고는 벌거숭이가 되는데 걸인은 그래도 아직 춥다면서 안아서 따뜻하게 해달라고 사정한다. 성자는 어쩔 수 없이 이 걸인을 안고 몸을 녹여주었고 걸인은 아직도 춥다, 아직도 춥다, 더 꼭 안아달라, 더 힘껏 안아달라고 애원한다. 그렇게 성자가 걸인을 끌어안고 있는 동안에 걸인은 어느 사이엔가 빛을 내며 예수 그리스도로 변해 있었다는 이야기다.

비합리적인 이야기지만, 여러분은 어떻게 생각하는가.

다양한 해석이 있는데, 소설가 엔도 슈사쿠는 "이 피부병에 걸린 걸인은 우리 인생 그 자체다"라고 말한다. 추운 겨울

날 의지할 곳 없고 입을 옷도 없이 길가에 주저앉아 있다. 실로 초라해서 눈을 돌리고 싶은 모습이지만 우리 한 사람 한 사람의 인생 또한 그런 것이 아닐까, 하는 뜻이다.

화려하게 활약하는 이 사람 저 사람과 비교하면 내 인생은 왜 이 모양일까 생각할 수도 있다. 하지만 그러한 인생이라도 꼬옥 안아주어야 한다. 예수는 곧 '사랑'이므로 아무리 더럽고 초라해도 자비를 베풀면 그것은 사랑이 된다고 플로베르가 말하고 있는 것이다. 엔도 슈사쿠는 이렇게 해석했다.

나는 긍정적으로 직업 인생을 걸어가는 데도 이 같은 심성이 필요하다고 보고 있다. 여러분도 지금까지 여러 커리어를 겪었을 것이다. 스스로 만족스럽다고 느끼지 않았을 수도 있고 또 말하고 싶지 않을 정도로 괴로운 경험이었을 수도 있다. 하지만 **아무리 더럽고 보기 흉하다고 해도 당신 자신이 지금까지 살아온 인생은 더할 나위 없이 소중하다. 그리고 앞으로 다가올 인생 또한 사랑하길 바란다.**

그렇게 아끼고 위해 주면 그것은 머지않아 더할 수 없는 빛을 지닌 무언가를 당신에게 가져다줄 거라고, 플로베르는 말하고 싶었는지도 모른다.

참고문헌

- 《굿럭 : 행운은 왜 나만 비켜 가냐고 묻는 당신에게》 존 크럼볼츠 & 앨 레빈 지음, 다이아몬드사, 2005년
- 《독서에 대하여Über Lesen und Bücher》 쇼펜하우어 지음, 이와나미쇼텐, 1983년
- 《본질을 꿰뚫는 사고방식本質を見抜く「考え方」》 나카니시 데루마사 지음, 선마크출판, 2007년
- 《설득의 심리학》 로버트 치알디니 지음, 세이신쇼보, 1991년
- 《알랭의 행복론》 알랭 지음, 이와나미쇼텐, 1998년
- 《이직은 1억 엔 손해 본다転職は1億円損をする》 이시와타리 레이지 지음, 가도카와쇼텐, 2008년
- 《아쿠 유 신화 해체阿久悠神話解体》 미사키 데쓰 지음, 사이류샤, 2009년
- 《자신다운 커리어를 만드는 법自分らしいキャリアのつくり方》 다카하시 슌스케 지음, PHP연구소, 2009년
- 《자유로부터의 도피》 에리히 프롬 지음, 도쿄소겐샤, 1965년
- 《행복의 정복》 버트런드 러셀 지음, 이와나미쇼텐, 1991년
- 《카를 융, 인간의 이해》 가와이 하야오 지음, 바이후칸, 1967년
- 《커리어 쇼크》 다카하시 슌스케 지음, 소프트뱅크크리에이티브, 2006년
- 《커리어 앵커》 에드거 H. 샤인 지음, 하쿠토쇼보, 2003년
- 《행복론》 카를 힐티 지음, 이와나미쇼텐, 1961년
- 《협력의 진화》 로버트 액설로드 지음, 미네르바쇼보, 1998년

◦ 한국에서도 출간된 책에는 원제를 병기하지 않았습니다.